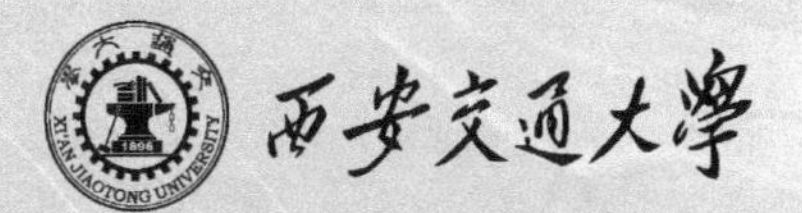

研究生创新教育系列教材

经济法基本理论问题研究

吴平魁 著

图书在版编目(CIP)数据

经济法基本理论问题研究/吴平魁著.—西安:西安交通大学出版社,2016.9(2021.3重印)
ISBN 978-7-5605-8844-5

Ⅰ.①经… Ⅱ.①吴… Ⅲ.①经济法-法的理论-中国-教材 Ⅳ.①D922.290.1

中国版本图书馆CIP数据核字(2016)第179559号

书　　名 经济法基本理论问题研究
著　　者 吴平魁
责任编辑 焦　铭　雒海宁

出版发行 西安交通大学出版社
(西安市兴庆南路1号　邮政编码710048)
网　　址 http://www.xjtupress.com
电　　话 (029)82668357　82667874(发行中心)
(029)82668315(总编办)
传　　真 (029)82668280
印　　刷 西安日报社印务中心

开　　本 727mm×960mm　1/16　**印张** 10.5　**字数** 188千字
版次印次 2016年9月第1版　2021年3月第3次印刷
书　　号 ISBN 978-7-5605-8844-5
定　　价 22.00元

读者购书、书店添货、如发现印装质量问题,请与本社发行中心联系、调换。
订购热线:(029)82665248　(029)82665249
投稿热线:(029)82668525　(029)82665371
读者信箱:xjtu_rw@163.com

总序

创新是一个民族的灵魂，也是高层次人才水平的集中体现。因此，创新能力的培养应贯穿于研究生培养的各个环节，包括课程学习、文献阅读、课题研究等。文献阅读与课题研究无疑是培养研究生创新能力的重要手段，同样，课程学习也是培养研究生创新能力的重要环节。通过课程学习，使研究生在教师指导下，获取知识的同时理解知识创新过程与创新方法，对培养研究生创新能力具有极其重要的意义。

西安交通大学研究生院围绕研究生创新意识与创新能力改革研究生课程体系的同时，开设了一批研究型课程，支持编写了一批研究型课程的教材，目的是为了推动在课程教学环节加强研究生创新意识与创新能力的培养，进一步提高研究生培养质量。

研究型课程是指以激发研究生批判性思维、创新意识为主要目标，由具有高学术水平的教授作为任课教师参与指导，以本学科领域最新研究和前沿知识为内容，以探索式的教学方式为主导，适合于师生互动，使学生有更大的思维空间的课程。研究型教材应使学生在学习过程中可以掌握最新的科学知识，了解最新的前沿动态，激发研究生科学研究的兴趣，掌握基本的科学方法，把教师为中心的教学模式转变为以学生为中心教师为主导的教学模式，把学生被动接受知识转变为在探索研究与自主学习中掌握知识和培养能力。

出版研究型课程系列教材，是一项探索性的工作，有许多艰苦的工作。虽然已出版的教材凝聚了作者的大量心血，但毕竟是一项在实践中不断完善的工作。我们深信，通过研究型系列教材的出版与完善，必定能够促进研究生创新能力的培养。

西安交通大学研究生院

前　言

中国的经济法学兴起于20世纪70年代末80年代初，30多年来，我国经济法学理论工作者不断探索，取得了丰硕的研究成果，但总体来看，经济法基础理论问题的研究仍然是滞后的。

经济法学在我国法学体系当中属于应用法学的范畴，但经济法基础理论部分又具有理论法学的属性。所以，学习和研究经济法理论问题，必须借鉴法理学和法哲学的理论和方法，从理论法学诸学科那里汲取营养。

经济法以一定的经济关系作为自己的调整对象，经济体制、经济组织方式以及国民经济运行状况等，对经济法的存在和发展具有决定性的影响，因此，学习和研究经济法理论问题，必须具有经济学的基本训练，了解和掌握现代经济学的基本知识。

经济法学理论来源于经济法的实践，是经济法制实践活动的理论概括，因此学习和研究经济法理论问题，必须关注经济法律的实践过程，认真研究每一个具体经济法律规范的运行，通过经济法律的实践活动，检验和丰富经济法学理论。

本书是作者对我国经济法学若干基本理论问题的初步思考，其中也包括了对其他学者一些理论观点和学术思想的评述，如有不妥之处，敬请批评指正。

本书在写作过程中参考了诸多学者已有的研究成果，谨此致谢！

我的研究生徐瑞杰、龙飞清参与了本书部分文献资料的校订工作。

本书的出版得到了西安交通大学出版社编辑焦铭女士的大力帮助，亦致谢意！

吴平魁

2016年1月18日

目　录

第一章 经济法的概念

第一节 经济法概念的形成概说

经济法这一命题，最早是由法国空想社会主义者摩莱里(Morelly)在1755年出版的《自然法典》一书中首先使用的。该书第四篇的标题是“合乎自然意图的法制蓝本”，共十二个部分，117条。其中第二部分是“分配法与经济法”，共有12条，其内容主要是对未来社会的“自然产品或人工产品的分配”的规定。① 1842年，法国空想社会主义者德萨米(Dezamy)在《公有法典》一书当中也使用了“经济法”一词。该书第三章的标题就是“分配法与经济法”，其含义与摩莱里的思想大致相同。② 由于摩莱里所谓的“经济法”仅仅是对未来社会“合乎自然意图的法制蓝本”的主观构想，德萨米所谓的“经济法”也是泛指各种经济方面的法律。所以，他们所提到的“经济法”与我们今天所谓的经济法并无必然的联系。有学者把这些理论和观点称作经济法的萌芽，也是不恰当的。只能说，在这些作者的著作里出现了“经济法”这一命题。

1865年，法国小资产阶级激进派蒲鲁东(P. J. Proudhon)在其《工人阶级的政治能力》一书中，也提到了“经济法”。他认为“法律应该通过‘普遍和解’的途径解决社会生活的矛盾。但是，不改组社会，‘普遍和解’就无法实现——而且，构成新社会组织基础的，就是‘经济法’。因为，公法和私法都无助于实现这一目标：一个会造成政府过多地限制经济自由的危险，另一个则无法影响经济活动的全部结构。因此，社会组织将建立在‘作为政治法和民法之补充和必然结果的经济法’的基础上”。③ 有学者认为，尽管蒲鲁东所谓的“经济法”仍然不脱离空想的窠臼，但其含义显然大大前进了一步，他似乎已经模糊地触及到了经济法概念的一些本质属性。④ 也有学者认为，由主观方面看，蒲鲁东是最早提出经济法学说的人。因为，蒲鲁东对经济法的表述“与今天的经济法理念如出一辙”，当然“也正是因为其思想

---

① 摩莱里.自然法典[M].黄建华，姜亚洲，译.北京：商务印书馆，1985.

② 泰·德萨米.公有法典[M].黄建华，姜亚洲，译.北京：商务印书馆，1985.

③ 阿来克西·雅克曼，居伊·施朗斯.经济法[M].宇泉，译.北京：商务印书馆，1997.

④ 漆多俊.经济法学[M].高等教育出版社，2003.

的超前性，在当时的法国和西欧，私法和法律面对私有制的巨大内在矛盾正陷于困惑和混乱之中，体现社会化和社会公正的经济法尚未产生，实在的经济法充其量还处于母体的胎动阶段。”①

1906年创刊的《世界经济年鉴》中，德国学者莱特(Ritter)使用“经济法”一词，表示有关世界经济的各种法规。

现代经济法概念的形成，始于第一次世界大战前后的德国。当时德国颁布了一系列体现国家干预经济的法规，有些法规直接以“经济法”命名，如1919年颁布的《煤炭经济法》《碳酸钾经济法》等。这些法规的基本特点是体现国家对社会经济生活的干预。由于这些法规的国家干预性特点，使它与以自由为原则，保护个人自由的民法显著不同。同时，也由于这些法规重在影响和调节国民经济的结构和运行，因此使它与传统行政法相区别。学者们注意到了这一变化，开始对这一新的法律现象进行专门研究，大量的论著得以问世。经济法理论与经济法的实践相伴而生。关于经济法概念在德国的形成，日本学者金泽良雄有一个较好的总结。他说：“第一，虽然经济法产生的历史背景，是战争和革命这一特殊社会现象，但它并不存在于经济发展过程的突变现象之中，而一般的是资本主义高度发展(战争也是其表现之一)为基础的。第二，经济法之所以在德国产生，这是适合了德国的学术土壤。可以认为，这些新的法律现象，对于德国法学中所表现的追求概念结构的缜密性和理论上的精辟性来说，的确是一个极为理想的研究对象。”②

经济法的概念在德国产生以后，很快在其他国家得以传播。日本是较早接受德国经济法思想的国家。

日本也经历了第一次世界大战后的经济危机时期和相继而来的战时，在实体法领域中，越来越多地制定了经济统制的有关法律，这些法律被统称为“经济法”或“经济统制法”并成为学者们的研究对象。日本经济法概念的研究，可以分为第二次世界大战结束前后两个阶段。第二次世界大战之前的经济法学说，受德国学说影响很大。从昭和(1925年开始)初期起，日本虽然也进行了关于经济法的学术讨论，但多数不过是照搬德国的经济法概念，还没有从方法论上明确地认识到上述规制对象的独立性和规制原理的一贯性，从而提出经济法作为独立的法律分科的主张。③ 这一时期，除了经济统制法学说以外，作为独立的经济法学说可以说基本上不存在。④ 关于二战以前日本经济法学说受到德国经济法深刻影响的原因，金泽

① 史际春，邓峰. 经济法总论：第2版[M]. 北京：法律出版社，2008.
② 金泽良雄. 经济法概论[M]. 满达人，译. 兰州：甘肃人民出版社，1985.
③ 丹宗昭信，厚谷襄儿. 现代经济法入门[M]. 谢次昌，译. 北京：群众出版社，1985.
④ 丹宗昭信，伊从宽. 经济法总论[M]. 吉田庆子，译. 北京：中国法制出版社，2010.

良雄在他的著作中做出了总结："一、日本法学一般对于德国法学的依存性强；二、两国经济体制近似，因而，法律素材也颇类似；三、尤其是战争期间，轴心国在政策观念上有共同性。"①

战后，日本根据美国的旨意，制定了一系列经济民主化的法律。其中的财团解散法是让日本垄断财阀承担战争责任，主要把财阀集团中的大企业分割成竞争规模的企业而制定的。在此基础上，又于 1947 年制定了垄断禁止法，通过强制实行战胜国的竞争政策，使日本利用这个时机建立起竞争体制。战后日本的自由经济体制是以此为起点建立起来的。日本战后的社会与经济变革，对日本原来的经济法学说影响极大。战败后，随着世界形势的发展，初期的以经济统制为中心的经济法才逐渐演变为现今的以反垄断法为中心的经济法体系。金泽良雄对这一转变的原因做了概括性的总结，他指出，"一、因德国和日本的战败，联合国军的占领，使日本法学对德国法学的依存性，发生了很大的动摇；二、作为原来学说对象的经济法素材，也根据战后经济民主化政策，起了质的变化。""面对这种情况，理所当然的也要对经济法概念学说予以重新考虑。"②战后，日本经过多年的发展，以垄断禁止法为核心的经济法可以说已经占了统治地位。尽管如此，在没有自由竞争观念传统的日本，以竞争法（垄断禁止法）为核心的经济法观点，今天在一般国民意识中扎根还是不深。③

在美国和英国，可以说至少在第二次世界大战结束前，根本没有人使用"经济法"这一词汇。但这并不是说，在这些国家里，不存在像德国、日本那样的经济法的法律现象。在美国、英国等国家，一般不是按照传统的方法，从理论上区分法学领域中的结构，而是更多地采用实用主义的观点和方法。如果我们把日本以竞争法为中心的经济法体系作为参照的话，美国、英国等国家当然有不少的经济法现象存在。（如果以区别于民商法和行政法的独立法律学科和法律部门的观点理解经济法，那么这种意义上的经济法概念在美国、英国等是不曾存在的。）比如，在美国，1890 年的谢尔曼法、1914 年克莱顿法和联邦交易委员会法以及 1925 年相继制定的企业者团体法，以及以这些法律为中心的判例，构成了相当完备的反托拉斯法体系。

日本学者丹宗昭信和伊从宽教授在论述美国反托拉斯法的性质和地位时指出：美国为了防止政治权力的集中而建立了三权分立的政治制度。同样，一系列的反托拉斯法也是为了防止经济力过度集中于特定的少数个人和企业，才制定了抑

① 金泽良雄. 经济法概论[M]. 满达人，译. 兰州：甘肃人民出版社，1985.

② 金泽良雄. 经济法概论[M]. 满达人，译. 兰州：甘肃人民出版社，1985.

③ 丹宗昭信，厚谷襄儿. 现代经济法入门[M]. 谢次昌，译. 北京：群众出版社，1985.

制或禁止权力集中的法律，美国的法院也在这些法律的基础上展开了反托拉斯法判例理论。如果从这种意义上命名的话，可以将美国经济法称作“草根民主主义经济法”。这些法律与作为交易法（权利义务关系法）的民商法不同，仅作为通过规制市场中的不正当经济力来维护竞争秩序的法律，这一特征具有重要意义。①

苏联从20世纪20年代便开始了经济法问题的讨论和研究。30年代后期曾遭遇不公正的评判，被视为“异端邪说”。在尔后的20年间，经济法成了法学研究领域里的一个禁区，无人敢于问津。但是，50年代末，在苏联新的历史条件下，经济法学重新兴起，并在其后不长的时间内发展成为一个具有自己的理论体系的学派，即苏联现代经济法学派。B. B. 拉普捷夫是这个学派最有影响的代表人物。另外，“两成分法”主张、战前经济法主张、“综合部门”主张、“经济——行政法”等，也都是较有影响的经济法观点。②

苏联是社会主义国家，社会主义的政治制度和意识形态决定了苏联经济法以及经济法理论的社会主义本质属性。以公有制为基础的基本经济制度以及高度集中的计划经济体制，使得苏联的经济法和经济法理论具有了与西方国家经济法完全不同的理论逻辑。

在中国，经济法的概念是在改革开放的大背景下提出的。20世纪70年代末，中国结束了长达十年的文化大革命，党和国家的工作重点转移到了经济建设上来，长期被忽视的法制工作重新受到重视。加强经济法制成为经济改革和对外开放的基本要求。1979年6月，在第五届全国人大二次会议上，中央领导人提出：随着经济建设的发展，我们需要制定各种经济法。（见叶剑英《开幕词》和彭真的《关于七个法律草案的说明》）随后，在国家和中共中央的许多文件中越来越多地使用经济法概念。③ 学界对经济法理论的关注和研究也由此开始，在其后的一个时期里，经济法理论研究异常活跃，形成了许多关于经济法概念的不同观点。

在中国经济法概念的形成过程中，有几个方面的特点需要特别予以关注：第一，中国初期的经济法概念，基本上是在法律工具主义的观念之下孕育而生的。这是因为，在改革开放初期，改革者多是把经济法仅仅作为一种管理经济的重要手段而加以重视，并没有也不可能对经济法的价值和功能作全面的认知和把握；第二，这一时期，无论是学界、管理部门，还是社会各方面，在对经济法概念的认识上，还没有清晰地区分“经济法”与“关于经济的法”的界限。很多人是在更广泛的意义上

① 丹宗昭信，伊从宽. 经济法总论[M]. 吉田庆子，译. 北京：中国法制出版社，2010.

② 国立莫斯科大学，斯维尔德洛夫法学院. 经济法[M]. 中国人民大学苏联东欧研究所，译. 北京：中国人民大学出版社，1980.

③ 漆多俊. 经济法学[M]. 北京：高等教育出版社，2003.

使用"经济法"的概念。严格的具有学科意义的经济法概念是在理论研究工作不断深化的过程中逐步清晰起来的;第三,中国初期的经济法概念,大量借鉴了苏联经济法理论的研究成果,许多学者所主张的经济法概念都或多或少地存在有苏联学者经济法理论观点的影子;第四,这一时期的经济法概念,在理论思维上,基本上是计划经济的逻辑,与建立在市场经济基础之上的西方国家经济法概念有着本质的不同。

第二节　国外学者关于经济法概念的主要观点

一、德国的学说

德国学者关于经济法概念的学说,较有影响的主要有集成说、对象说、世界观说、方法论说以及产生较晚的以统制概念为中心的机能说等。此方面的内容,日本学者金泽良雄在其著作里有很好的总结,在此我们主要参考他的著作,结合我国有关学者的论述,介绍这一内容。①

(一)集成说

这一学说,是把德国第一次世界大战期间以及战后出现的新法律现象,用"经济法"的综合概念来对待的。它的代表者是努兹巴姆(Nussbaum)。他认为,凡是以直接影响国民经济为目的规范的总体就是经济法。因而,间接影响到国民经济的法律,如财政法,以及以个人生活为对象的法律,如民法,则应排除于经济法之外。金泽良雄评论说,这一见解,虽没有提出以经济法为独立的法律部门的论据,但引人注目的是,他已经做出了以实际经济生活为依据,探求事实上的法律的尝试。

(二)对象说

这一学说是与集成说相对的学说,是主张把经济法作为对象去研究,并作为法律分支承认其独立性的见解。它的代表学说有以下两种:

1. 认为经济法是组织经济固有之法的学说。它的代表者是基尔德斯密特(Gold schmidt)。他认为,经济法是"组织经济(Organisierte Wirtschaft)固有之法。所谓"组织经济",是以改进生产为目的而规制的交易经济和共同经济(Gemein wirtschaft)。这一见解,是以国民经济形态的交易经济(个体经济)和共同经济为线索,同时着眼于这种经济的组织化,从而构成了组织经济,并在国民经济中

---

① 金泽良雄.经济法概论[M].满达人,译.兰州:甘肃人民出版社,1985.

给以独立的地位，而以此组织经济固有之法称为经济法。并把它作为独立的法律分支。

2.认为经济法是有关经济性企业者的企业管理之法的学说。它的代表者是卡斯凯尔(Kaskel)。他认为调整企业中劳动者雇用关系的法为劳动法，而有关企业管理的专门法为经济法，有关商业的法为商法。他的见解虽然同属对象说，但是，基尔德斯密特是着眼在国民经济中的“组织”形态，而卡斯凯尔的学说则是着眼于作为经济法对象的“人”，而以经济性企业者为中心概念。卡斯凯尔这一见解，由豪斯曼(Haussmann)作了进一步的发展。豪斯曼认为，正如商业活动领域限定传统商法的特定素材一样，今日的经济活动力的重点，不限于商业(Handel)，而且也表现在生产、加工、银行和金融等各个方面，这种企业活动的法律，要求与商业企业活动的法律具有同等的资格。

(三)世界观说

这一学说主张，以具有现代法特征，并渗透于现代法的精神为基调之法为经济法。代表人物是豪德曼(Hedemann)。他自称此说为世界观说。他认为，正如18世纪中以“自然”为该时代的基调一样，现代则以“经济性”(Wirtschaft lichkeit)作为时代的基调，而以此经济性为特征的法为经济法。这一见解，值得注目的是，它的意义并不是在于藉以经济法的对象明确化以确立其独立的法律分支定位，从而作出概念性的规定，而是包括了相通于方法论的论点。

(四)方法论说

这一学说，试图以方法论来研究经济法，是使法学研究的社会学方法适用于经济生活的。例如，伦布(Rumpf)主张，以对法律领域中经济的客观实际部分所作的法学上(Vollrechtlich)的全面探讨，理解为经济法的研究，企图从这一论点出发，来建立综合民法和商法的经济法的基础，并使这样的私人经济法与公共甚至国家经济法既对立，又在整个法学体系中使二者处于统一综合的地位。此外，卡伊拉(Geiler)也认为，经济法无非是在有关经济生活的法律领域中，适用法学研究的社会学方法而已。再者，主张一切有关经济的法律均为经济法的威斯赫夫(Westhoff)，也可以说是属于这一论点的。金泽良雄认为，严格说来，这一论点，不应该被看做是有关经济法“概念”的学说。

(五)机能说

这一学说，是着眼于法律的机能，并以经济统制(Lenkung)为经济法中心概念的学说。这是由于不能满足于上述各说而较晚产生的一种学说。代表人物是贝姆(F. Böhm)、赫梅尔勒(Heamerle)、林克(Rinck)等。贝姆(F. Böhm)主张作为经济法的中心概念，必须考虑到在国家统制经济和特定经济政策意义上的经济秩序以及有关的经济制度。此外，赫梅尔勒主张以国家统制经济特有的法律为经济法。金泽良雄评论认为，此说看来虽近似对象说，但前述的对象说，是着眼于法律的客观对象本身，而此说则在关联到国家统制的法律机能这一点上可以认为是机能说。林克则主张将经济法定义为统制（lenkung）、促进（Förelerung）和限制（Begrenzung）营业活动的法律以及国家性决定的组织。这种见解，也可以看作是属于这类的机能说。

二、日本的学说

如前所述，日本经济法概念的研究，可以分为第二次世界大战前后两个阶段。第二次世界大战前日本的经济法学说，受到德国的影响很大，大多只是对德国学说的介绍或引进。以下就一些主要的学说作以介绍。①

（一）对象说

这一学说，是在德国基尔德斯密特学说影响下，一方面着眼于高度发展的资本主义经济现象，并采纳了社会法的观点，一方面又按照法的适用对象规定了经济法的概念，承认了它为独立的法律分支（进而为公法、私法和经济法三分立），但与此同时，为适应国家对经济统制的普遍化现象，也把经济法看作是“统制经济固有之法”。对于这一点，可以认为，似乎已经采纳了机能说的见解。但这一学说，与此同时把“是共同经济的国民经济”作为统制经济的前提，并在经济法中是“组织的原理在支配”这一点可以看出是受了基尔德斯密特的影响。

（二）经济法否定说

这一学说认为，历来的法律领域，就没有特殊承认经济法本身的充分论据，因而否定了经济法的存在。如果根据这一学说，就可以理解为，经济法只不过是经济法令（它分属于历来的公法、私法等各自法律领域）汇集综合的名称而已。

（三）经济统制法说

这一学说，是采纳了经济法否定说的发展形态，除避免了尚无定论的“经济法”这一含糊不清的用词外，也着眼于有关经济统制的实体法的汇集，名之为“经济统制法”并作为其研究对象的。站在这一立场进行的研究，不仅是经济法和经济统制法之间的不同以及经济统制法与各法之间关系的基本问题，而且是通过实体法的研究，建立新法律的概念。从而形成了其法学自身的发展。因此，这一学说，从它的实质来说，可以理解为是站在机能说的立场上的。

第二次世界大战以后，日本的经济法学说可以大致区分为不以垄断禁止法为

① 金泽良雄. 经济法概论[M]. 满达人，译. 兰州：甘肃人民出版社，1985.

核心的学说和以垄断禁止法为核心的学说两种。①

(一)不以垄断禁止法为核心,而把各种经济关系法都说成是经济法的学说

1. 金泽说认为,经济法是"适应经济的即社会调节的要求的法,即主要是用社会调节的方式解决经济循环中产生的矛盾、困难(市民法自动调节作用的局限)的法"。这里,所谓经济的即社会调节的要求,是通过"国家之手"来实现的,它"要求国家制定为了实现在经济上从总资本即国民经济的立场出发的国家政策,而对经济进行干涉的法律"。经济法"是为了弥补民法调整所不及的法律空白状况,即其中包含的与市民社会私人方面相对的公共(社会)方面的法",只有抓住这一点,才能理解经济法的本质。同时,金泽还认为,经济的即社会调节的要求,由于时代和社会的不同而有各种不同的表现,它有时表现为卡特尔助长法,也有时表现为竞争秩序维护法。

2. 今村说认为,经济法是"依靠政府的力量来支持失去自发性的资本主义体制的法的总称"。"由于经济法的特征是以维持垄断阶段的资本主义经济体制为目的的经济政策的立法,因此,它的体系应该与资本主义经济结构的特征相适应",这种经济法体系应该包括"直接的市场规制"和"间接的市场规制"两个部分。另外,认为经济法是国家垄断资本主义的法的宫坂说,其观点与今村说相似。

(二)把垄断禁止法作为经济法中心的学说

1. 正田说认为,经济法是"规制以垄断资本主义阶段固有的垄断为中心的经济从属关系的法"。并认为,经济法是由"通过规制经济支配者的活动,在经济的从属关系上,限制其进行恣意的活动,或处于支配地位的经济主体任意进行交易"的经济规制法,和"以反映允许经济从属者为了提高经济地位而结成的经济关系为中心的法制"的经济关系法这两个部分组成的。丹宗昭信评论指出,从上述定义中,为了把垄断禁止法摆在经济法中心的位置,虽然还可以把经济法说成是确保对等交易权的法,但在该经济法中竞争(秩序维持)法这个侧面,从正面就不能把握了。因此,这个理论难以导出规制竞争维持构造的法理。

2. 丹宗说认为,经济法"是国家规制市场支配的法"。这里所谓的"市场支配",是限制自由竞争的状况。并认为,国家为了维持竞争秩序而介入市场的法就是本来意义的经济法。

三、苏联的经济法学说

如前所述,苏联从20世纪20年代就开始了经济法理论的研究,尽管在其后的

① 丹宗昭信,厚谷襄儿. 现代经济法入门[M]. 谢次昌,译. 北京:群众出版社,1985.

发展中经历了许多曲折,但仍然取得了令人瞩目的研究成果。由于苏联的社会主义制度和计划经济体制,使得其经济法学说与资本主义国家的经济法理论相比,呈现出显著的特点。同时,由于政治制度和经济体制的同质性,使得苏联的经济法概念学说,对中国初期的经济法概念学说产生了广泛的影响。

以下我们根据苏联学者的著述,对苏联经济法理论发展中几种有代表性的经济法概念学说作以介绍。①

(一)两成分法

这一主张是20世纪20年代末由П·И·斯图奇卡提出的。他划出民法与经济-行政法调整当时不同的经济成分。按照这种主张,经济-行政法调整那些形成于社会主义经济成分中各社会主义组织之间的关系。这些关系的特点是计划性和隶属性。至于民法,它所调整的是另一类关系,即建立在无计划的、"无政府"的基础上的关系。私人成分的财产关系以及各种成分之间产生的一系列关系都属于这一类。

(二)战前经济法

这一主张是20世纪30年代中期由Л·Я·金次布尔格和Е·Б·帕舒卡尼斯提出的。他们批评了"两成分法"的理论,在他们看来,经济法是"无产阶级国家在组织经营管理和组织经济联系方面所实行的政策的特殊形式"。这一主张力求克服"两成分法"主张的"对抗论",但同时却陷入了另一个极端。他们不仅把各社会组织之间的关系,而且也把公民之间的关系都纳入了经济法的范围。其结果,公民(在这个主张里被称为"私人")被局限到了消费者的地位。

(三)战后经济法

这一主张是20世纪50年代末60年代初由В·В·拉普捷夫、В·К·马穆托夫等人提出的。这一主张的实质在于,认为经济法是苏维埃法统一体系中的一个独立的部门,它具有特定的法律调整对象(经济关系)和特殊的法律规定方式。这一主张认为,"经济法调整社会主义组织及其内部单位之间在领导经济活动和进行经济活动时形成的关系",包括纵向经济关系(即经济管理关系)、横向经济关系和内部经济关系,并认为纵向经济关系与横向经济关系及它们所反映的计划关系(或组织关系)与财产关系是统一的,这是"经济法作为部门法的理论基础"②这一主张也就是著名的纵横经济法说。

---

① 国立莫斯科大学,斯维尔德洛夫法学院.经济法[M].中国人民大学苏联东欧研究所,译.北京:中国人民大学出版社,1980.

② 漆多俊.经济法基础理论[M].武汉:武汉大学出版社,2000.

(四)综合部门说

这一学说的理论支点——基本法律部门和综合法律部门理论,最初产生与经济法问题的讨论无关。1947年,B·K·拉伊赫尔在研究保险法问题时提出一个主张,认为在苏维埃社会主义法的体系中应把法的部门分为两类,即基本部门和综合部门。以后这个主张得到了O·C·约菲、M·Д·沙尔戈罗德斯基和Ю·K·托尔斯泰的支持。Ю·K·托尔斯泰对综合法律部门问题做了详细的解释。他认为,基本法律部门与综合法律部门之间有以下区别,第一,每一个基本(独立)法律部门都拥有对象的统一性,而综合法律部门却没有这种统一性,因为它可以调整不同类关系。第二,基本法律部门中不能有其他法律部门的规范,相反,综合法律部门则是由其他(基本)法律部门的规范组成的。第三,每个基本法律部门都具有专门的调整方法,而每个综合法律部门则有所不同,它利用一系列从基本法律部门中吸收过来的法律调整方法。第四,基本部门在法的体系中占有一定的地位,相反,综合部门在法的体系中则不占有任何地位;只是在法的分类中(依据分类的目的)给它相对的地位。这一主张认为,经济法就属于综合法律部门。

(五)经济—行政法说

这一主张是1963年C·H·勃拉图西和C·C·阿列克谢耶夫提出的。这种法律思想是针对战后经济法主张的拥护者和"综合部门"主张的代表人物的意见做出的一种特殊反映。针对上述后一种观点,他们指出:"把法律规范划分为若干部门的时候,不能不考虑对于研究经济关系的法律调整是否合适与方便,这种划分是由法及其内容客观上存在的差别决定的。"

至于对现代经济法主张的态度,他们认为,这种主张的产生在很大程度上是由于"在研究行政法时所进行的科学分析,常常在它真正要刚刚展开时就中断了:只限于分析关于经济管理机构的建立,它们活动的原则等一般问题,而未深入到对社会主义经济领域中的关系的行政法调整问题。这里就形成了科学研究和法学院校的法学课程讲授的某些'死角'。"

为了摆脱上述情况,他们认为需要建立一个特别的亚部门的法律学科,即"经济一行政法"。

(六)综合经济法说

这一主张是20世纪70年代由国立莫斯科大学和斯维尔德洛夫法学院两个院校民法教研室编写的《经济法》教材中提出。他们认为,经济法不是苏维埃社会主义法的一个部门,因为它的规范不具有同类的调整对象。它的对象是在社会主义经营管理领域中形成的不同类的社会关系的一定总和。因此经济法也就没有什么同一的(专门的)法律调整方法。① 该教材的作者认为,“经济法就是苏维埃社会主义法的不同部门的、在调整经济活动中起职能上相互作用的规范和制度的一定总和。”“正是这么一批在职能上起相互配合作用的,属于苏维埃法和立法的不同部门的法律规范和制度,我们才把它们有条件地称之为经济法”②。

第三节 国内学者关于经济法概念的研究情况

我国法学界关于经济法理论的研究是从 20 世纪 70 年代末,80 年代初开始的。在改革开放的大背景下,我国的经济法理论研究工作从一开始就异常活跃。经过广大法学理论工作者的积极探索,提出了许多较有影响的经济法概念的学说,这其中,除了经济法学者的理论结论以外,也有包括民法等其他学科学者的理论贡献。以下,我们就其中一些主要的学说和观点作简要介绍。

一、关于经济法概念的主要学说的介绍

(一)学科经济法说

这一学说的基本主张是,认为“经济法不是一个独立的法律部门,而是一门十分必要的法律学科。”③“学科经济法的主要任务就是在于研究并揭示经济法规运用基本法的手段和原则对经济关系进行综合调整的规律,通过认识这种规律,以消除各个部门法之间的不协调现象,为经济立法选择最佳方案,为经济立法的系统化寻求可行的途径,在立法和适用法律两方面,达到国家通过法律形式组织和管理国民经济的最佳效果。”④该学说认为,“从法律规范上讲,经济法也就是综合利用各个基本法的方法和原则对经济关系进行综合调整的法律规范的总称。”但是,“应该指出,法律的综合调整并不能产生一种新的调整方法和新的法律部门。”⑤

这一学说是 20 世纪 80 年代由以佟柔教授为代表的一些民法学者提出的。实际上,该学说也“是对苏联民法教授哥里班洛夫和克拉萨夫的学科经济法学说的进一步发展。”⑥该学说注意到了国民经济运行的整体性和各有关法律部门调整经济

---

① 国立莫斯科大学,斯维尔德洛夫法学院. 经济法[M]. 中国人民大学苏联东欧研究所,译. 北京:中国人民大学出版社,1980.

② 国立莫斯科大学,斯维尔德洛夫法学院. 经济法[M]. 中国人民大学苏联东欧研究所,译. 北京:中国人民大学出版社,1980.

③ 中国经济法诸论编写组. 中国经济法诸论[M]. 北京:法律出版社,1987.

④ 中国经济法诸论编写组. 中国经济法诸论[M]. 北京:法律出版社,1987.

⑤ 中国经济法诸论编写组. 中国经济法诸论[M]. 北京:法律出版社,1987.

⑥ 程宝山. 经济法基本理论研究[M]. 郑州:郑州大学出版社,2003.

关系时,客观上存在的相互间不协调现象这一事实,提出建立一个学科,系统研究分属于不同法律部门的经济法规对经济关系进行综合调整的规律,从而为经济法制建设提供服务。我认为,这种关注经济立法的系统性以及经济法规相互之间的关联性的整体性思维是正确的,加强对此一问题的专门研究也是十分必要的。但是,这一学说关于"经济法不是一个独立的法律部门"的主张,自然不会为经济法学者所接受。

(二)综合经济法说

这一学说认为,"经济法乃是国家根据统治阶级或者依照人民意志认可或制定的,以经济民法方法、经济行政方法、经济劳动方法调整平等的、行政管理性的、劳动的社会经济关系的法律规范的总和。"① "经济法律规范是由经济民事法律规范、经济行政法律规范、经济劳动法律规范总和构成的。它们在这综合构成中各自保持自己的属性和特征,各自对自己特定的社会经济关系进行调整,并不融合为一种新的法律规范,对性质不同的各种社会经济关系进行统一的调整"② 该学说同时指出,"由于经济法调整对象是综合的,具有平等的社会经济关系、行政管理性的社会经济关系、劳动的社会经济关系等三种性质不同的社会经济关系;由于经济法调整方法也相应是综合的,包括经济民法调整方法、经济行政法调整方法和经济劳动法调整方法等三种性质各异的调整方法,因此,理所当然,它应该是综合法律部门。"③

综合法律部门的概念,最初是由苏联学者B·K·拉伊赫尔于1947年研究保险法时提出来的,他把民法、行政法、刑法等具有特定调整手段的法律部门称为基本法律部门,这些法律部门之性质各异的规范结合在一起构成综合法律部门,保险法就是由民法、财政法、行政法、刑法、诉讼法等部门的规范构成的法律部门。④ 我国学者在20世纪80年代提出这一主张。王家福教授和王保树教授在《中国经济法诸论》一书中,系统分析和论述了这一主张。

尽管综合经济法说也把经济法视为一个"部门",但实质上,它与学科经济法说一样,都是否定经济法作为一个独立法律部门的现实存在。

由于这一学说本身存在诸多理论上的局限性,所以,随着经济法理论研究的不断深入,曾持这一主张的学者后来也大都放弃了这一观点。

---

① 中国经济法诸论编写组.中国经济法诸论[M].北京:法律出版社,1987.

② 中国经济法诸论编写组.中国经济法诸论[M].北京:法律出版社,1987.

③ 中国经济法诸论编写组.中国经济法诸论[M].北京:法律出版社,1987.

④ 史际春,邓峰.经济法总论:第2版[M].北京:法律出版社,2008.

(三)经济行政法说

这一学说认为,“经济法一词有双重含义:一是指调整经济关系的经济法律规范,即法律意义上的经济法;二是指研究调整经济关系的经济法律的学科,即学科意义上的经济法。作为法律意义上的一个独立法律部门的经济法,就是经济行政法(或称为行政经济法),它是国家行政权力作用于经济领域,国家行政机关对国民经济实行组织、管理、监督、调节的法律规范的总称。它主要调整纵向的、具有行政隶属特征的经济管理关系。”① 该学说其要旨是认为经济法隶属于行政法,是行政法的一个分支。他们认为“经济行政法所调整的经济管理关系兼有行政性和经济性,决定了经济行政法调整方法上的特殊性。经济行政法在采用传统行政法调整方法即行政命令方法的同时,还广泛运用其他调整方法,特别是着重发挥经济调节手段的作用。调整对象本身所具有的经济性及调整方法上的特殊性,使经济行政法具有不同于传统行政法的特征。”②

经济行政法观点是苏联民法学家C·H·勃拉图西和C·C·阿列克谢耶夫于1963年提出来的。我国民法学者梁慧星、王利明等在20世纪80年代积极倡导这一观点,并为这一观点的发展做出了重要的理论贡献。目前,仍有一些学者从不同学科的视角对经济行政法问题进行研究和探讨。③

关于经济行政法观点的得与失,史际春和邓峰在其著作里做出了中肯的评价,他们认为,“按此界说,现代经济法的核心、典型的内容——反垄断法、国有企业或公共企业法、政府的市场行为等,无法囊括到经济行政法或经济法的名下;反过来说,如果将超出行政范畴的经济性法律规范硬性归入行政法,通过控权为核心的行政法及其理念来调整立足于市场机制、以概括授权和自由裁量为特征的政府调控监管、公开市场操作、反垄断等,则不啻会使行政法和行政法学勉为其难,对行政法本身及其调整对象造成损害。”④

(四)大经济法说

这一学说,实际上是对我国经济法学兴起之初的那些对我国经济法的范围作最大程度解释的一系列观点的统称。比如,有学者就认为,经济法是“调整国民经济管理和各种经济组织在经济活动中的经济关系的法律规范的总称。”⑤,或者是“国民经济管理和经济组织之间,以及它们与公民之间,在生产、交换、分配、消费过

---

① 梁慧星,王利明.经济法的理论问题[M].北京:中国政法大学出版社,1986.

② 中国经济法诸论编写组.中国经济法诸论[M].北京:法律出版社,1987.

③ 王克稳.经济行政法基本论[M].北京:北京大学出版社,2004.

④ 史际春,邓峰.经济法总论:第2版[M].北京:法律出版社,2008.

⑤ 施竟成.对经济法命题的一点认识[J].湖北财经学院学报,1982(1).

程中，发生的经济关系的法律规范的总称。”甚或有人认为：“经济法是规定社会经济活动中的相互关系的法律的统称。”① 1980 年由上海辞书出版社出版的《法学词典》中，也将“经济法”定义为“调整经济关系的法规的总称”。

大经济法学说，基本上是对我国经济法的范围做出了超乎客观实际的，不恰当的解释，试图把所有的经济关系都纳入到经济法调整的范围。这一学说的产生与我国当时的社会经济发展环境和法学研究的学术环境有直接或间接的关系。就社会经济发展环境而言，在这一阶段，我国改革开放刚刚开始，党和国家工作的重点转移到了经济建设上来。随着经济改革的推进，经济法制也受到了普遍的重视，“经济法”、“经济立法”以及“经济法制”等概念被广泛提及，在党和政府的文件当中也频繁地使用“经济法”的概念。尽管这里的“经济法”概念大多表达的是“关于经济的法”的含义，并不是从法律部门或学科意义上来使用这一概念，大都不具有学术意义，但这种表达对“大经济法”观点的形成，不可否认会产生一定的影响。就法学研究的学术环境方面看，在这一时期，随着我国经济的改革与发展，特别是对商品经济的确认和重视，为民法和经济法的繁荣提供了契机。也是在这一时期，刚刚兴起的经济法学与民法学展开了长达数年的大论战，而在调整经济关系的法律部门的选择方面，是选择“大民法”还是选择“大经济法”，自然成为论战的主要内容。如果我们从历史角度地看，“大经济法”学说正是在这一大论战中勃兴，也是在这一大论战中衰落。

（五）企业法说

这一学说认为，经济法“就是以企业为主体的调整其经营管理活动的法律规范。”“经济法是企业法（就其主体说），是经营管理法（就其职能说）。”②“经济法应该环绕于以企业为主体，经营管理活动为内容的经济范围。”③经济法其所以是企业法，是因为“企业是国民经济的细胞和基础，国民经济是由许许多多的企业组成，没有企业就没有国民经济，调整国民经济关系就是调整企业关系”。④ 企业法说源自于德国法学家卡斯凯尔（Kaskel）和豪斯曼（Haussmann）的学说。我国学者潘念之等于 20 世纪 80 年代提出这一主张。

该学说注意到了企业在国民经济当中的重要地位，以及“企业是社会生产力的直接承担者”这一客观事实，据此确定以企业的经营管理活动作为经济法的调整范

---

① 长清. 什么是经济法[J]. 学习与探索，1980(4). 共和国六十年法学论争实录：经济法卷[M]. 厦门：厦门大学出版社，2009.

② 潘念之. 中国经济法理论探索[M]. 上海：上海社会科学院出版社，1987.

③ 潘念之. 中国经济法理论探索[M]. 上海：上海社会科学院出版社，1987.

④ 潘念之. 中国经济法理论探索[M]. 上海：上海社会科学院出版社，1987.

围，这在我国改革开放初期，特别是国有企业在国民经济中居于主要地位，国民经济活动仍然以计划为主导的情况下，似乎触及到了经济法的本质。但在我国的经济体制和企业制度发生根本性变革的时候，这一观点的局限性也就显现出来了：第一，在现代企业制度下，企业经营管理活动中的许多经济关系已经不是由经济法来调整。比如，由于国有企业的改革，原来受计划制约的企业产、供、运、销活动中的诸多关系已变革成为契约关系，而由民法予以调整；再比如，随着改革开放而发展壮大起来的非公有制性质的企业，其经营管理活动更多体现"企业自治"的特点，经济法对其作用的范围有限。第二，在现代经济体制下，经济法除了对"企业经营管理活动"中的某些经济关系进行调整以外，更多地是对经济发展中的结构问题、经济秩序问题、市场竞争环境问题等产生影响。

（六）国民经济运行法说

这一学说主张经济法是"法在调整国民经济总体运行过程中所形成的法制度、法形式和法方法的总和。"[①]该学说认为，"经济法理论研究亟待扩展和深化，而其首要之点，在于摆脱传统的'法部门'理论的窠臼。"因为，"以划分'法部门'为中心的法体系理论，不能不面临着实践的、现实的挑战，不能不面临着法学新思想的挑战"[②]基于"法部门"的理论缺陷，他们提出了"法体制"的构想，以此代替"法规范——法制度——法部门——法体系"这一传统的法体系分类方法。该学说从"法体制"的理论出发，认为"经济法体制，是法在调整国民经济总体运行过程中所形成的法制度、法形式和法方法的总和。由此而论，经济法体制的范围（外延），被限定为关系国民经济总体运行的法"。[③] "社会主义国民经济运行分为国民经济组织机制、经济活动机制和经济秩序机制三个方面或三个环节，与之相对应，国民经济运行的法律调整机制，包括国民经济组织法、经济活动法和经济秩序法。"[④]

这一学说是20世纪90年代初由刘瑞复教授在他的著作中提出来的。后来，作者在出版的其他著作里对这一理论做了完善。[⑤]

该学说试图摆脱传统法律部门划分的理论，从另外一个视角来认识和解释经济法现象，这是一种新的理论探索，应该说是有意义的。但正如作者所言，关于"法体制"的构想轮廓还不成熟，"它只是在寻找解决限定经济法概念难题时的一个思考途径。"

---

① 史际春，邓峰．经济法总论：第2版[M]．北京：法律出版社，2008．

② 刘瑞复．经济法：国民经济运行法[M]．北京：中国政法大学出版社，1991．

③ 刘瑞复．经济法：国民经济运行法[M]．北京：中国政法大学出版社，1991．

④ 刘瑞复．经济法：国民经济运行法[M]．北京：中国政法大学出版社，1991．

⑤ 刘瑞复．经济法学原理：第2版[M]．北京：北京大学出版社，2002．

(七)宏观调控法说

这一学说认为,“我国经济法是国家对国民经济进行宏观间接调控的部门法。”[①]该理论认为,社会经济关系可分为五类:即平等性的经济关系;因商事行为而发生的商品货币流转关系;因社会公务而形成的直接管理性经济关系;市场主体与劳动者之间形成的劳动关系;国家作为经济管理主体与市场主体之间的间接宏观调控性经济关系。前四种关系依次由民法、商法、行政法、劳动法进行调整,只有第五种关系才由经济法调整。[②] 该学说还有一些其他的表述,但主旨思想基本一致。

这一学说是由王希仁等学者于20世纪90年代在其发表的论著中提出来的。该学说把经济法定义为宏观调控法,使得经济法的范围显得有些偏狭,但它关注到了我国经济法最基本的方面。从我国经济法发展的历史来看,实际上基本上是以宏观调控法为中心的。

(八)经济管理法说

这一学说认为,经济法是调整“经济管理关系的法律规范的总称”,经济管理关系包括“政府对经济的管理”、“国家和企业之间的关系”、“企业内部的纵向关系”以及实际上属于经济管理关系的“不平等主体之间的经济关系”,这些关系既可以是强制性的命令和服从、监督和被监督的关系,也可以是非强制性的指导和被指导关系。[③]

这一学说是谢次昌等学者在20世纪90年代提出来的。[④] 该学说的直接依据是1986年第六届全国人大第四次会议上王汉斌所作的“关于《中华人民共和国民法通则(草案)》的说明”。该说明指出:“民法主要调整平等主体之间的财产关系,即横向的财产、经济关系。政府对经济的管理,国家和企业之间以及企业内部等纵向经济关系或者行政管理关系,不是平等主体之间的经济关系,主要由有关经济法、行政法调整。”[⑤]由于这一学说的依据来源于官方的文件,因此在当时为较多学者所接受。

(九)纵横统一说

这一学说主张“经济法调整纵向经济关系(或称国民经济管理关系)、横向经济

---

① 程宝山.经济法基本理论研究[M].郑州:郑州大学出版社,2003.

② 程宝山.经济法基本理论研究[M].郑州:郑州大学出版社,2003.

③ 史际春,邓峰.经济法总论:第2版[M].北京:法律出版社,2008.

④ 谢次昌.论经济法的对象、地位及学科建设[J].中国法学,1990(6).

⑤ 王汉斌.关于《中华人民共和国民法通则(草案)》的说明——一九八六年四月二日在第六届全国人民代表大会第四次会议上[C].中国法律年鉴(1987)[M].北京:法律出版社,1987.

关系(即社会组织之间的经济关系)以及经济组织内部经济关系。"①认为:"我国经济法是调整国家机关、企业、事业单位和其他社会组织内部及其相互之间,以及它们与公民之间,在经济活动中所发生的社会关系的法律规范的总称。"②或认为:"经济法是调整国民经济管理和各种经济组织在经济活动中发生的经济关系的法律规范的总称。"③

这一学说,是由陶和谦、刘隆亨等为代表的一批学者,在我国经济法学产生之初就提出来的一种主张。它继受了苏联以拉普捷夫为代表的"现代经济法学派"的观点,并结合我国当时的经济体制(有计划的商品经济),发展了这一观点。有学者认为:"纵横统一说在中国经历了由粗到精的发展过程,基本上就是中国经济法学由幼稚走向成熟的一个缩影。"④

最初的纵横统一说也是大经济法观点。关于这一学说的基本思想,程宝山教授在他的著作里做了概括说明:纵横统一说认为,"我国社会主义初级阶段有计划商品经济关系,大体上可以分为两类:一类是国家为实施组织经济职能,对经济生活进行领导、指导、管理、监督等经济活动而发生的纵向经济管理关系,一类是各组织之间基于分工协作的需要,进行平等交往过程中发生的横向经营协作关系(经营协调关系)。这里所说的"横纵",不仅指它们的结构形态,也包括它们性质的界定,它们有时合而为一,更多时是分别存在。但是,在国民经济整体及其运动的全过程中,这些纵向经济关系和横向经济关系是统一的、相互联系的,是不能根本分开、更不能对立的。纵向经济关系为指导、横向经济关系为基础,二者相互依存,相互制约,相辅相成。这正是有计划商品经济的内在要求和反映。经济关系既然如此,法律对它们的调整,也应该首先是整体、系统、综合、统一的调整,然后才是分别调整。有计划商品经济是一个整体,如同不能把计划经济同商品经济对立一样,法律对有计划商品经济的调整也不能从一开始就分别调整。而这种统一调整,只能由经济法来完成,经济法据此获得了作为独立法律部门的依据。"⑤

这一学说在形成和发展过程中,刘文华教授、史际春教授等作为这一学说的主要倡导者,都有重要的理论贡献。⑥ 正是在他们的不懈努力之下,使得这一学说在

① 刘文华. 纵横统一说是经济法的理论基础[C]. 1985年全国第二届经济法理论会议材料. 朱崇实. 共和国六十年法学论争实录:经济法卷[M]. 厦门:厦门大学出版社,2009.

② 陶和谦. 经济法学[M]. 北京:群众出版社,1982.

③ 刘隆亨. 经济法概论[M]. 北京:北京大学出版社,1984.

④ 史际春,邓峰. 经济法总论:第2版[M]. 北京:法律出版社,2008.

⑤ 程宝山. 经济法基本理论研究[M]. 郑州:郑州大学出版社,2003.

⑥ 刘文华教授和史际春教授都是这一学说的主要倡导者,为了行文的方便,我们将在经济法的调整对象一节对他们的观点作重点介绍。

我国经济法学界产生了广泛的影响。

二、关于经济法概念研究情况的简要评述

中国经济法学的理论研究是伴随着改革开放的进程逐步走向深入的。在经济法理论的研究当中,经济法概念问题的研究始终是核心的论题。

如前所述,中国初期的经济法概念,基本上是在法律工具主义的观念之下孕育而成的。中共十一届三中全会开启了中国改革开放的序幕,党和国家的工作重点转移到了经济建设上来,对经济工作的重视也使得经济管理理论的研究成为最受重视的研究领域。当时的经济管理理论认为,管理经济的基本手段有三种,即行政手段、经济手段和法律手段,过去我们对经济活动的管理太过注重行政手段的使用,忽视了经济手段和法律手段的使用,因此,在新的历史条件下,适应改革开放的需要,应该更多地注重对经济手段,特别是法律手段的使用。正是在这样的背景之下,经济法的研究工作勃然兴起。由于这一时期对法律的关注和重视是基于经济管理工作的需要,所以,这时的经济法研究工作实际上是经济管理理论研究工作的一个部分。

我国初期的经济法研究工作是在高等财经院校起步的。当时有关教育主管部门基于经济管理人才培养工作的需要,要求恢复招生不久的高等财经院校和中等财经专业学校普遍开设法律课程,根据这一要求,经济法课程成为财经院校各有关专业的必修课程。而这时的经济法课程所包含和讲授的内容,从法律规范的层面而言,基本上是关于经济的所有法律现象。这时候人们对经济法的理解也基本上是一种概括性的认识,大都把“经济法”等同于“关于经济的法”。后来在经济法概念研究中的许多“大经济法”观点,都或多或少受到了这一认识的影响。尽管起步阶段的经济法研究还没有自觉地反映经济法学科和经济法部门的现实内涵,但这种概括性研究的意义是广泛和深远的,它推动了社会各个方面热切关注经济法律现象的强大氛围,这就为其后经济法理论的成长提供了良好的环境和土壤。法律部门意义上的经济法概念在这一环境和土壤之中孕育并发展起来。

我国经济法概念形成以后经历了一个曲折发展的过程。我们可以分几个阶段对经济法概念的研究情况做概括性的说明。

从20世纪70年代末到1986年《民法通则》的颁行,是经济法概念研究的第一个阶段。这一阶段,经济法概念的研究有以下基本特点:第一,从研究态度和研究方法方面来看,还不够成熟,科学化程度不高,有时情绪化色彩比较浓厚。比如在处理经济法和民法的关系方面,往往把对方看成是自己的对立物,甚至不承认对方的合理存在。许多“大经济法”观点的主张者不同程度地存在这样的认识。第二,从经济法概念的基本观点来看,“大经济法”观点影响较大。这一时期虽然已经出

现了许多具有特点的经济法观点，对经济法概念也有了许多不同的表述，但“大经济法”观点无疑是这一时期最具影响力的观点。关于这一点，可以从这一时期出版的经济法学教材当中有关经济法概念的表述得到充分的印证。第三，从对经济法基础的认识和判断来看，基本上是计划经济的思维。这一时期，我国实行的仍然是计划经济体制，虽然开始强调市场调节对国家计划的辅助作用，但计划经济的基本格局没有发生根本的变化。所以，经济法学者对经济法概念的认识没有脱离计划经济的思维，基本上还是以计划经济的逻辑构建自己的经济法理论体系。第四，从理论争论的对手来看，主要是经济法学者与民法学者之间的争论。争论的焦点主要是集中在经济法究竟是不是我国法律体系中一个独立的法律部门这一核心问题。从这一阶段理论争论的总体情况来看，经济法学者占据了主动的地位。

从 1986 年《民法通则》的颁行到 1992 年 10 月中共十四大的召开，是经济法概念研究的第二个阶段。这一阶段，经济法概念的研究有以下基本特点：第一，从研究态度和研究方法方面来看，逐步走向成熟和理性，理论观点的科学化程度有了明显的提高。比如在处理经济法与民法的关系方面，再不是把民法看作是经济法的对立物，而是看作是经济法的共存物。认识到经济法和民法都是调整经济关系的重要法律部门，二者在我国的经济发展中都有其特殊的价值与作用。第二，从经济法概念的基本观点来看，突破了初期“大经济法”观点对经济法现象的粗疏解释，形成了许多视角独特，逻辑严谨，具有较高科学性的观点和学说。这其中，由于《民法通则》的通过以及“关于《民法通则(草案)》的说明”中对民法、经济法和行政法调整范围的划定，使得据此形成的“经济管理法说”，成为这一时期较有影响的经济法观点。第三，从对经济法基础的认识和判断来看，逐步放弃了计划经济的思维，更加注重对商品经济本质属性的认识和把握，更多的是以商品经济发展的逻辑来构建自己的理论观点。第四，从理论争论的对手来看，由主要是经济法学者与民法学者之间的争论，逐步转向为经济法学者之间的争论。

从 1992 年 10 月中共十四大的召开到现在为止，是经济法概念研究的第三个阶段。这一阶段，经济法概念的研究有以下基本特点：第一，从研究态度和研究方法方面来看，更加成熟。在经济法概念研究的第二个阶段，也就是《民法通则》颁行之后，经济法学理论研究曾经历了一个低潮时期，而正是这个低潮时期，给了经济法理论研究一个反思和调整的机会。中共十四大的召开，又为经济法理论研究的深化提供了新契机。经济法学者根据中共十四大确定的社会主义市场经济体制改革目标，来调整和重新梳理有关经济法概念的研究思路。经过反思和调整，经济法概念的理论研究日益走向成熟。第二，从经济法概念的基本观点来看，逐步形成了若干较有影响的经济法学说的派别。同时，一些新的经济法概念的学说不断涌现，一些传统的经济法观点经过修正和调整也焕发出了新的生机。经济法概念的理论研究进入了蓬勃发展的时期。第三，从对经济法基础的认识和判断来看，确立了市场经济的思维。中共十四大关于社会主义市场经济体制改革目标的提出，是一个划时代的事件，中国的经济从此逐步走向了市场化的道路。这一改革目标的提出，也对中国的经济法律体系带来了根本性的影响。无论是民商法，还是经济法，都必须根据社会主义市场经济体制改革和发展的要求，来重新构建自己的规范体系和理论系统。因此，这一时期经济法概念问题的研究，基本上是遵循市场经济的逻辑。第四，从理论争论的对手来看，逐步集中在了有影响的若干经济法概念的不同派别之间的争论。

第四节 我国社会主义市场经济条件下经济法的概念及其含义

一、经济法的定义

我国社会主义经济法是调整国家为了实现经济发展的目标，依靠政府的力量，在对社会主义市场经济进行微观规制和宏观调控过程中发生的经济关系的法律规范的总称。经济法的这一定义，立足中国经济与社会发展的实际，以“科学发展观”作为指导，借鉴了发展经济学关于“经济发展”与“经济增长”相互关系的理论，并以此作为理论基础。

发展经济学是第二次世界大战之后发展起来的，以发展中国家的经济发展问题为主要研究对象的新兴经济学科。发展经济学认为，经济增长与经济发展是两个既相互联系又相互区别的概念。经济增长是指一个国家商品和劳务的增加，通常用国民生产总值(GNP)或国内生产总值(GDP)及其人均水平来衡量。[①] 经济发展比经济增长的含义要广，不仅意味着产出的增长，还包括随着产出的增长而带来的产出与收入结构的变化以及经济条件、政治条件和文化条件的变化，表现为在国民生产总值中农业比重相应下降，而制造业、公用事业、金融贸易、建筑业等的比重

---

① 梁小民.经济学是什么[M].北京:北京大学出版社,2001.

国内生产总值(Gross Domestic Product,GDP)是一国一年内所生产的最终产品(物品与劳务)市场价值的总和。这里所说的“一国”是指在一国的领土范围之内，这就是说只要在一国领土之内无论是本国企业还是外国企业生产的都属于该国的GDP。过去常用的国民生产总值(Gross National Product,GNP)中的一国是指一国公民，这就是说本国国民无论在国内还是国外生产的都属于一国的GNP。国内生产总值与国民生产总值仅一字之差，但有不同的含义。在用GNP时，强调的是民族工业，即本国人办的工业；在用GDP时，强调的是境内工业，即在本国领土范围之内的工业。在全球经济一体化的当代，各国经济更多地融合，很难找出原来意义上的民族工业。联合国统计司1993年要求各国在国民收入统计中用GDP代替GNP正反映了这种趋势。现在各国都采用了GDP这一指标。

的相应上升，随之劳动就业结构发生变化，教育程度和人才培训水平逐步提高。一般来说，没有经济增长就不能取得经济发展，所以经济增长是经济发展的必要条件。但是有了经济增长并不能保证一个国家就能够获得经济上的发展。经济增长不是经济发展的充分条件。要考察一个国家的经济发展，必须关注这个国家在经济增长过程中的三个要素的变化：(1)贫困问题发生了什么变化；(2)就业发生了什么变化；(3)经济当中的不平等状况发生了什么变化。如果这三方面都有所改善，那么无疑这个国家在此时期获得了发展。如果其中一个或两个方面，特别是所有三个方面都没有得到改善，甚至恶化的话，那就不能说获得了发展。①

发展经济学的这一理论表明，经济增长更多关注的是效率问题，而经济发展除了关注效率问题以外还要更多关注公平问题。经济增长的目标是实现更多的"产出"，是经济总量的扩张，因此，依靠市场这只"无形之手"就能实现。而经济发展的目标是实现经济与社会的全面进步，因此，由经济增长走向经济发展需要解决很多的问题，而这些问题基本上又都是宏观性的问题，涉及到经济结构、分配结构、产业结构等多个方面，这些问题依靠市场这只"无形之手"往往不能得到有效解决，只能借助政府这只"看得见的手"进行干预和调节。

民法和经济法作为调整经济关系的两个基本法律部门，在保证和促进经济增长和经济发展中起着十分重要的作用。民法以其个人本位理念和个人主义原则维护了市场这只"无形之手"的作用的有效发挥，在一定阶段和一定条件下保证了经济的繁荣和增长。而经济法则旨在克服"无形之手"的局限，运用"国家之手"的力量，保证经济协调、稳定、持续地发展。民法对市场经济的意义止于保证经济的增长，经济法对市场经济的意义超越了简单的经济增长，使其成为保证和促进经济全面发展的主要法律形式。

二、经济法概念的含义

（一）经济法是国家追求和实现经济发展目标的主要法律形式

如前所述，经济发展具有特殊的含义，它的目标不是追求经济总量的简单扩张，而是追求经济发展的协调、稳定和可持续。

民法和经济法作为调整经济关系的两个基本法律部门，在保证和促进经济增长和经济发展中起着十分重要的作用。民法作为市场经济的基础性法律，为市场经济的正常运转和发展提供了一般性规则。特别是民法的个人本位理念，为市场经济的快速增长提供了基本动力。市场经济是一种竞争经济，追求个体（或个人）

① 于同申. 发展经济学——新世纪经济发展的理论与政策[M]. 北京：中国人民大学出版社，2002.

利益最大化是其本质特征,民法的个人本位理念契合了市场经济发展的这一本质要求,实际上,现代民法也正是适应资本主义自由竞争的基本要求而发展起来的。市场经济的发展离不开民法。但是,以个人本位为基础的民法,在市场法制系统中存在着"功能性的缺陷"。首先,民法的一系列制度规则决定了它在调整市场经济关系时,基本上是以"经济人"的假设为前提的。因此,民法调整经济关系的制度设计,基本上是以自由市场经济制度为基础的。这就决定了民法不能解决市场失灵所带来的问题,也不能解决市场经济发展中带有宏观性的结构性问题。其次,民法的私法属性,使民法成为市民社会的法。这也就使民法对市场经济活动中的政府失灵问题无能为力。

经济法是国家对自由市场进行干预和调节的法。从经济法产生的背景和产生的条件我们可以看出,经济法主要在以下方面发挥作用:一是在肯定市场结构的前提下,排除影响和障碍市场正常运行的诸种行为(如垄断、不正当竞争等),二是调节市场机制不能发挥作用的领域的诸种关系(如公共物品的供给等),三是协调宏观经济总量失衡问题。以此可以看出,有关市场失灵问题、政府失灵问题、经济总量失衡问题等,基本上都可以在经济法的框架内得以解决。经济法以其社会本位的理念,以其公法和私法兼容的性质,弥补了民法的"功能性缺陷",为市场经济的协调、稳定和可持续发展提供了现实的法律基础。

(二)经济法是反映和体现"政府之手"的法律形式

在市场经济体制下,市场是一种资源配置系统,政府也是一种资源配置系统,二者共同构成社会资源配置体系。市场作为资源配置的一种有效方式,这已经为经济发达国家几百年经济发展的历史所证明,而且为各种经济学说所论证和肯定。亚当·斯密将市场规律形容为"看不见的手",认为不需要如何组织以任何方式的干预,市场就可以自动地达到供给与需求的平衡,而且宣称当每个人在追求私人利益的同时,就会被这只手牵动着去实现社会福利。马克思同样赞叹市场机制的效率,并将价格规律提升为价值规律,认为商品的价值是由生产商品的社会必要劳动时间决定的,而价格围绕价值上下波动来调节生产和流通,并促进技术进步和经济发展,同时马克思也指出了市场是导致经济危机的可能性因素。

市场是一种有效率的经济运行机制,这是毋庸置疑的。但上述市场配置效率是以完全自由竞争作为严格假设条件的,而现实的市场并不具备这种充分条件。所以,市场的资源配置功能不是万能的,在一些情况下,仅仅是市场调节不能实现供求平衡,市场机制本身也存在固有的缺陷,这种情况称为"市场失灵"。市场失灵为政府介入或干预提供了必要和合理的依据。在现代市场经济条件下,政府对经济运行的调节和干预已经成为保证经济发展的必不可少的手段。经济法就是调整政府在市场经济中发挥作用过程中产生的有关经济关系的基本法律形式。

(三)经济法是保证国家对社会主义市场经济实现微观规制和宏观调控的基本法律形式

政府对经济的干预,一方面采取宏观调控的方式,即政府在充分发挥市场在资源配置中决定性作用的同时,运用各种有效的手段干预和调节宏观经济运行。但是,仅有宏观调控是不够的,政府还必须对经济主体的一些损害经济效率和社会福利的行为进行规制。这也就构成了政府经济职能的两个重要方面:微观规制和宏观调控。①

政府规制,是指政府以治理市场失灵为己任,以法律为依据,以颁布法律、法规、规章、命令及裁决为手段,对微观经济主体(主要是企业)的不完全公正的市场交易行为进行直接的控制和干预。政府微观规制是对市场失灵的最通常的反映,是现代市场经济不可或缺的一种制度安排。宏观调控,是国家综合运用各种手段对国民经济进行的一种调节与控制。它是保证社会再生产协调发展的必要条件,也是社会主义国家管理经济的重要职能。经济法正是体现政府实现对市场经济进行微观规制和宏观调控的重要法律形式。这样一来,以反垄断法、反不正当竞争法、消费者权益保护法等为核心的市场规制法,以及以计划法、财税法、金融法等为核心的宏观调控法也就成为经济法的两个基本组成部分。

(四)中国经济法应充分反映中国特色社会主义制度的本质特点

法律属于上层建筑的范畴,因此,不同的社会政治制度对于法律的性质有着决定性的影响。中国是社会主义国家,中国的经济法也必然是社会主义性质的法律。在社会主义市场经济条件下,经济法应该充分反映中国特色社会主义制度的本质特点。在这里,我们之所以要强调中国经济法的社会主义性质,一方面是由于中国坚持走中国特色社会主义道路,中国的经济法现象与西方资本主义国家的经济法现象在法律性质上必然存在着本质的区别。另一方面是由于在中国确立了社会主义市场经济的经济发展模式,在市场经济的制度环境下,经济法的社会主义本质问题在某些时候被自觉或不自觉地淡化和漠视。

坚持经济法的社会主义性质,是坚持走中国特色社会主义道路的现实要求,是中国经济法发展的制度前提。这也就说明,经济法的发展必须以中国特色社会主义理论作为指导,以中国特色社会主义制度作为基本制度基础。这也就要求全部经济法制活动要以解放生产力,发展生产力,最终实现共同富裕作为出发点和归宿,以实现人的全面自由发展作为基本价值目标,以保证社会主义市场经济的协调、稳定和可持续发展作为根本的任务。

---

① 谢自强.政府干预理论与政府经济职能[M].长沙:湖南大学出版社,2004.

第二章　经济法的调整对象

第一节　经济法调整对象的意义

法律以社会关系为调整对象，这是普遍性的认识，但也有观点认为法律的调整对象是人的行为。实际上这两种观点并不存在根本性的矛盾，因为法律正是通过对人的行为的控制来实现对社会关系的调整，也就是说，法律对社会关系的调整是以对人的行为的控制作为中介的。因此，可以认为，法律是以行为关系为调整对象的规范。正是人的行为才使人与人之间的关系得以确立和存在，这种“社会关系”是以行为作为条件的，并形成“行为关系”。达成社会控制的有效途径是通过对人们行为的调整进而对社会关系进行调整。法律一般不以主体作为区分标准，而是以行为作为区分标准。法律是针对行为而设立的，因而它首先对行为起作用，首先调整人的行为。对于法律来说，不通过行为控制就无法调整和控制社会关系。① 法学理论的这一观点，为我们认识经济法调整对象的含义提供了帮助。经济法的调整对象是一定的经济关系，这是毋庸置疑的。而经济法对经济关系的调整也正是通过对经济法主体行为的控制来实现的。这是我们对经济法调整对象含义的基本理解。

经济法的调整对象问题是经济法学理论研究的基本课题，自从经济法学在我国兴起以来，经济法调整对象问题就一直是经济法学理论研究的核心问题。学者们对经济法调整对象问题的关注，主要是经济法调整对象本身的重要意义：一方面它决定着经济法能否成为一个独立的法律部门，另一方面它也是我们确立和研究其他经济法问题的基本出发点。以下我们对经济法调整对象的意义做一概括说明。

第一，经济法的调整对象是确定经济法是不是我国法律体系当中一个独立法律部门的主要依据。传统法学理论认为，法律部门的划分是以调整对象作为主要依据的。不同性质和种类的社会关系由不同的法律规范予以调整，调整不同性质和种类社会关系的法律规范构成一个独立的法律部门，不同的法律部门又以这些不同性质和种类的社会关系作为自己的调整对象。任何法律部门的存在都是与一

① 张文显．法理学[M]．北京：高等教育出版社，1999．

定的社会关系相适应的。当一种新的生产关系产生的时候，一个新的法律部门就可能随之产生。法律部门不仅会随着新的社会关系的出现而产生，而且会随着社会关系性质的变化而发展。

自从经济法学在我国兴起以来，一直有学者否定经济法作为我国独立法律部门的合理存在，他们的主要的理由就是认为经济法没有自己特有的调整对象。尽管目前经济法作为我国独立法律部门的认识几近达到共识，但否定经济法作为独立法律部门的观点仍然在一定范围存在。

另外，有学者认为，法律规范的调整对象并不是划分法律部门的唯一标准。他们主张在坚持以调整对象为划分法律部门的主要标准的同时，还必须确定补充性的或辅助性的标准，这就是法律的调整方法。当然，这一认识也是具有一定意义的。

第二，经济法的调整对象是确立经济法原则的主要依据。法律原则，是法律制定和执行的基本准则。法律原则的确立，必须以法律所调整的社会关系的性质和特点为基础。经济法作为调整一定经济关系的法律部门，它的原则的确立，也应该以它所调整的经济关系的性质和特点为主要依据。

法律原则与法的调整对象之间的这一依从关系，在我国现有的几个法律部门之中有充分的体现。比如，民法的"当事人民事地位平等的原则"、"自愿、公平、等价有偿、诚实信用的原则"等，都与民法所调整的"平等主体之间的财产关系和人身关系"这一社会关系的性质和特点密切联系。关于经济法的原则，目前尚未有一致的观点，但从现有的经济法学著作和教科书中有关经济法原则表述的演变过程，亦可看出经济法原则与经济法调整对象的依从关系和互动关系。比如，在我国实行"计划经济为主，市场调节为辅"的经济体制时期，经济法所调整的经济关系自然有非常明显的计划色彩，因此，当时的经济法学理论中便有了"贯彻计划经济为主，市场调节为辅的原则"作为经济法原则的观点。① 后来，随着我国经济体制改革的推进，经济关系在不断发生变化，学界对经济法调整对象的认识也在不断的深化，与此相适应，经济法原则的内容也在不断变化。尽管以往的经济法著作对经济法原则的认识还存在着很多的局限性，对经济法原则内容的表述也各不相同，但学者们以经济法的调整对象的性质和特点来认识经济法原则的思维模式是一以贯之的。

第三，经济法调整对象问题是研究其他经济法基本理论问题的出发点。从理论研究的层面来看，经济法调整对象问题的研究具有重要的学科意义，它是我们研究和认识经济法其他理论问题的重要基础。尽管我们不能说所有的经济法问题都与经济法调整对象问题相关，但可以肯定的是，经济法当中那些最基本的理论问题

① 经济法概论编写组.经济法概论[M].北京：中国财政经济出版社，1984.

都与经济法的调整对象问题有直接的关系，比如经济法的概念、经济法的原则、经济法的价值、经济法的理念等等，都是以经济法的调整对象的研究为基础的。

经济法调整对象研究的理论意义是毋庸置疑的，但也有学者认为，我国经济法学界在以往的学术研究中，对经济法调整对象问题的地位太过推崇，使经济法的理论研究走向了极端化。他指出："许多部门法学教科书都把法律调整对象作为本学科研究的逻辑起点，经济法学研究就是始于经济法调整对象的探讨，更是把经济法调整对象视为经济法和经济法学的'生命线'。""我国法学界正是因为把法律调整对象的地位推至极端，才导致为争论经济法调整对象更多耗费学术资源而影响其他重要问题研究的深刻教训。"①

第二节　经济法调整对象的主要观点介绍

如前所述，自从经济法学在中国兴起以来，经济法调整对象问题便一直是经济法学理论研究的重点问题。通过广大经济法学理论工作者多年不懈地努力，经济法调整对象的研究呈现出百家争鸣，百花齐放的可喜局面。但由于受到各种因素的制约，到目前为止，经济法调整对象并未形成较为一致的观点。以下我们列举几种具有代表性的观点作分析说明。

一、国家协调说

该学说的倡导者是杨紫烜教授。他认为经济法的调整对象是特定的经济关系，这种特定的经济关系"是在国家协调的本国经济运行过程中发生的经济关系。"他认为，"国家协调，是国家运用法律的和非法律的手段，使经济运行符合客观规律的要求，推动国民经济的发展。不同社会制度的国家，经济运行都不能没有国家协调。但在不同的国家以及同一个国家的不同时期，国家对经济运行进行协调的广度和深度、内容和方式是不同的，甚至有很大不同。""在国家协调的本国经济运行过程中发生的经济关系由经济法调整，能够体现经济法是国家协调本国经济运行之法，以实现经济法的基本功能。在社会主义市场经济条件下，在国家协调的本国经济运行过程中发生的经济关系的表现形式，包括市场监管关系和宏观调控关系。市场监管关系是在国家进行市场监督、管理过程中发生的经济关系。宏观调控关系是在国家对国民经济总体活动进行调节、控制过程中发生的经济关系。这两种关系应该由经济法调整。"②

---

① 王全兴.经济法基础理论专题研究[M].北京：中国检察出版社，2002.

② 杨紫烜.国家协调论[M].北京：北京大学出版社，2009.

这一学说形成于20世纪90年代，其后虽经过修改完善，但其主旨没有大的变化。

二、需要国家干预说

这一学说的倡导者是李昌麒教授。他认为，“经济法的调整对象是需要由国家干预的经济关系。”①经济法调整对象的具体范围包括四个部分：市场主体调控关系、市场秩序调控关系、宏观经济调控关系和社会分配关系。市场主体调控关系是指国家从维护社会公共利益出发，在对市场主体的组织和行为进行必要干预过程中而发生的社会关系。市场秩序调控关系是指国家在培育和发展市场体系过程中，为维护国家、经营者和消费者的合法权益而对市场主体的行为进行必要干预而发生的社会关系。宏观经济调控关系是指从全局和社会公共利益出发，对关系国计民生的重大经济因素，实行全局性的调控过程中与其他社会组织所发生的关系。它主要包括产业调节、计划、财政、金融、投资、国有资产管理等方面的关系。社会分配关系是指国家在参与国民收入分配的过程中所形成的经济关系。

“需要国家干预说”是20世纪90年代初，由李昌麒教授在他主编的司法部高等政法院校统编教材《经济法学》一书中首先提出来的，嗣后，在他的个人专著《经济法——国家干预经济的基本法律形式》以及其他著述中阐释的一种观点，并在此基础上构建了该学说的基本框架。2005年，李昌麒教授的学生编辑出版了《需要国家干预：经济法视域的解读》一书，进一步阐发了这一学说。②

三、国家调节说

这一学说的倡导者是漆多俊教授。他认为，“经济法的调整对象，是在国家调节社会经济过程中发生的各种社会关系，简称国家经济调节关系，或国家经济调节管理关系。”③作为经济法调整对象的国民经济调节关系，按照不同的标准，可划分为不同的种类。(1)按照国家调节经济的基本方式，可分为市场障碍排除关系（或称国家对市场规制关系）、国家投资经营关系和宏观调控关系。(2)按照国家调节经济的目标和任务所侧重的方向，可分为经济运行调节关系与经济结构调节关系。(3)按照国家各种经济调节措施对社会经济所直接涉及的部位，可分为宏观经济调节关系与微观经济管理关系。(4)按照国家经济调节实施过程的不同环节，可以分为经济决策管理关系、组织实施管理关系、对国家经济调节过程的监督和对于纠纷

---

① 李昌麒.经济法学[M].北京：法律出版社，2007.

② 单飞跃，卢代富等.需要国家干预：经济法视域的解读[M].北京：法律出版社，2005.

③ 漆多俊.经济法学[M].北京：高等教育出版社，2003.

与违法的调处关系。(5)按照经济成分,国家经济调节可分为国家对国有经济的调节管理和对于非国有经济的调节管理。(6)根据调节的领域,国家调节关系可分为国内经济调节关系与涉外经济调节关系。

该学说认为,经济法只是关心同国民经济总体和全局(结构和运行)相关需要国家调节和管理的一些问题。而国民经济中其他方面的问题,则由其他部门法如民法、行政法等去解决。①

"国家调节说"是漆多俊教授在20世纪90年代提出来的,其后不断得到发展和完善。

四、纵横统一说

这一学说的倡导者有多位学者,我们在经济法的概念一章对他们的观点已经做了概括性的介绍,这里从调整对象的视角集中介绍刘文华教授的观点。

刘文华教授认为"经济法调整纵向经济管理关系和一定范围的横向经济关系,以及经济组织内部的重要的共性关系、涉外经济关系(国际经济法调整)。"②(1)经济管理关系,即纵向经济关系,并非行政管理关系,不应由行政法调整。(2)一定范围的横向经济关系,有时称经营协调关系(即市场主体在自己的经营活动中需要与社会整体利益要求与国家的整体规划部署协调的关系),包括经济联合、协作与竞争,但并非这些关系都由经济法调整,经济法只调整那些全国性的、跨地区的、跨部门的联合与协作,只调整那些具有国家组织管理性的横向经济关系。市场主体的大部分联合协作关系,应由民法调整。经济法也调整经济竞争关系,不仅反对不正当竞争和垄断,而且也保护合法有序的竞争。经济法调整的横向经济关系中不能只是经济协作关系,还必须包括经济竞争关系。(3)内部经济关系是指企业等经济组织内部那些具有共性的重要的,与社会整体利益和国家管理监督相连的内部经济关系,亦即需要外部化的内部关系。大部分内部关系还是应由企业根据自己的章程调整。(4)涉外经济关系,涉及国家民族利益,应该由经济法调整,现由国际经济法调整。③

刘文华教授在他的论著《中国经济法基础理论》(校注版)作者序言里指出,"纵横统一说"是其在1985年广州举办的"第二次全国经济法理论工作会议"上一篇发言稿的内容,后来在《经济法制》杂志发表的"纵横统一说是经济法的理论基础"一文中,首先使用了此概念。他同时指出,自己对经济法调整对象的观点,三十年基

---

① 漆多俊.经济法学[M].北京:高等教育出版社,2003.

② 刘文华.中国经济法基础理论:校注版[M].北京:法律出版社,2012.

③ 刘文华.中国经济法基础理论:校注版[M].北京:法律出版社,2012.

本不变,但具体范围和名称会有些变化。

第三节　经济法调整对象的范围

我国社会主义经济法的调整对象是国家为了实现经济发展的目标,依靠政府的力量,在对社会主义市场经济进行微观规制和宏观调控过程中所发生的经济关系。这是本书立足中国特色社会主义市场经济发展的实际,对我国经济法的调整对象所作的概括性的表述。

如前所述,经济法是国家追求和实现“经济发展”目标的基本法律形式。而国民经济在实现“经济增长”的基础上最终实现“经济发展”的目标,必须依靠政府这只“有形之手”对国民经济实行干预和调节。在现代市场经济条件下,政府对经济的干预和调节主要通过两种基本的方式来实现,一是采取微观规制的方式,即政府对微观经济主体的一些损害经济效率和社会福利的行为进行控制和干预。二是采取宏观调控的方式,即政府在充分发挥市场在配置资源中的决定性作用的同时,运用各种必要的手段干预和调节宏观经济运行。政府在对市场经济进行微观规制和宏观调控过程中发生的经济关系,就是经济法的调整对象。这样一来,我们也就可以把经济法调整对象的范围概括地归纳为两个方面,即微观规制关系和宏观调控关系。

一、微观规制关系

“规制”一词是由英文“Regulation”翻译过来的。意为以法律、规章、政策、制度加以控制和制约。许多经济学文献译为“管制”。在汉语词汇中,管制使人联想到统制和命令经济方式,而规制更接近英文原来的词义,也更能体现这种政策的实质。

经济学家从政府干预理论的视角认为,政府规制,就是政府以治理市场失灵为己任,以法律为依据,以颁布法律、法规、规章、命令及裁决为手段,对微观经济主体(主要是企业)的不完全公正的市场交易行为进行直接的控制和干预。这一定义表明:(1)规制是特定的政府行政机构执行的,所以叫政府规制。(2)规制行为的依据是相应的法规。这些法规可能来源于宪法或法律,也可能来源于行政法规和政府规章。(3)规制的客体是微观经济主体,包括企业与消费者,主要是企业,所以叫微观规制。①

政府微观规制是对市场失灵的最通常的反映,是现代市场经济不可或缺的一

① 谢志强.政府干预理论与政府经济职能[M].长沙:湖南大学出版社,2004.

种制度安排。从根本上说,政府规制是对人们所认为的市场运转出了问题后的一种纠正。政府规制的基本理念仍然是怎样去维护市场的公平竞争,怎样使市场更加有效地运转。根据政府规制的内容,微观规制关系大体有以下几个方面的具体表现:

(一)产权契约规制中产生的经济关系

政府对产权进行规制,是要通过一定法律制度的实施保护人们的产权不受侵犯。同时监管人们按照一定的规则行使产权,并对行使产权过程中发生的矛盾和冲突加以协调和解决。包括对投资者的产权保护,对劳动者权益的保护和对消费者权益的保护等。

(二)行业的进入(退出)规制中产生的经济关系

政府对行业进入实行规制,主要的目的,一是将企业的经营活动纳入政府监督的范围,二是控制进入某些行业(主要是自然垄断行业)的企业数量,以防止过度竞争,从而达到提高经济效益的目的。

实行特殊行业进入规制,主要是由于存在着自然垄断行业和过度竞争问题。

基础设施产业具有自然垄断性,这是政府对基础设施产业实行垄断经营的一个主要理论依据。电信、电力、铁路运输、自来水、煤气供应和航空等基础设施产业被公认为是自然垄断行业。由一家或少数几家企业经营比由多数企业经营更有效率。控制进入这些行业的企业数量,维护这些行业的垄断经营,可以避免不必要的重复投资。但垄断经营会使企业缺乏竞争活力,导致低效率现象,这就要求适度运用竞争机制。

过度竞争主要是由于信息不完全造成的,企业由于缺乏对产品供求的准确信息而盲目进入,会引起某一行业的过度竞争,因而需要政府在必要时对进入某些行业的企业数量加以限制,以避免资源的浪费。

(三)价格(收费)规制中产生的经济关系

对大部分商品服务和生产要素来说,应通过市场竞争形成和确定价格。但市场失灵的存在使政府实行价格和收费规制具有了必要性。价格(收费)规制的内容包括:

1. 对垄断行业的价格规制。垄断及自然垄断行业的企业,会以其垄断地位确定垄断价格,获取垄断利润,从而影响到资源的有效配置,损害垄断行业和消费者的利益。因此,政府对垄断行业需要实行价格规制,即由政府确定垄断企业产品和服务的价格。

2. 对保护行业的价格规制。为使得生产周期长的大宗商品的价格相对稳定,政府需要对一些农产品和矿产品的生产行业实行保护性的价格规制,由政府对这类商品设定最高价格和最低价格作为指导价格，并以政府的专项基金和专门的储备制度为基础。

3.对金融行业的价格规制。在银行、证券、保险等金融业以及大部分运输业中，由于消费者未必拥有充分的信息，以决定在多种多样的服务和价格中选择哪种为好，结果难以实现资源配置效率。而且，一旦竞争的结果使企业发生倒闭时，难以保证消费者的资金安全。因此，政府有必要对利率、保险费率、证券交易规则等进行一定的规制。

4.通货膨胀的价格规制。通货膨胀是一种宏观经济现象。但在治理通货膨胀时，往往需要从微观上采取一些措施。价格规制就是其中较强硬的一种。价格规制包括冻结全部或部分物价、实行最高限价、规定价格上涨率等。

5.对不正当价格的规制。由于存在着信息不对称，市场上还经常出现不正当价格行为，如价格欺诈。对此，需要政府制定物价管理法规。这些法规包括对物价一般水平、物价的浮动幅度、对价格欺诈行为的处罚办法等内容。

（四）数量、质量规制中产生的经济关系

数量规制仅限于少数物品。如武器装备，政府实行垄断经营的能源供应、运输服务等，还有如烟草、烈性酒等有害人的身体健康的物品的生产和供应。对进出口商品的数量规制，主要是为了保护国内的新兴产业，调节国内市场的供应。质量规制是为了保护消费者利益而实行的规制。

（五）资源、环境规制中产生的经济关系

资源浪费、环境污染、生态破坏等负外部效应，需要政府规制来加以解决。

（六）会计、统计规制中产生的经济关系

政府通过有关财务会计、统计、审计等法律法规，责成企业定期向政府如实报告生产经营情况。这既是实行微观规制的需要，也是为宏观调控提供客观依据。

（七）社会保障规制中产生的经济关系

现代政府一般都实施社会保障规制。比如，通过征收社会保障税来建立社会福利基金，用于失业救济、退休养老保障、医疗教育补助等福利项目。

二、宏观调控关系

宏观调控经济关系是经济法调整对象的另外一个重要方面。经济学上的“宏观”，是指国民经济中的总量，主要是总供给、总需求以及总价格、总就业量等。国家对宏观经济的干预，或者说宏观调控，是指国家运用经济政策对这些总量经济进

行调节,促进总需求和总供给的基本平衡,以实现经济的平稳增长。①

在西方经济学中,一般并未将宏观调控和国家干预严格区别开来。甚至往往用国家干预的提法来代替宏观调控。例如,为宏观调控奠定理论基础的凯恩斯的《就业、利息与货币通论》一书中就是这样。这种情况的出现有其历史的原因。在凯恩斯理论产生之前,占据主流地位并成为政府制定政策依据的经济学,是以反对国家干预、主张自由竞争为特征的。他们反对的国家干预,当然并不是指国家对一定生产关系和经济运行方式的干预,也不是一般地反对国家对个别行业的干预。在自由竞争制度确立后,他们所反对的国家干预,主要是指国家对宏观经济的干预,其理论表现形式就是坚信供给创造需求、从而总供给恒等于总需求的“萨伊定律”;这个“定律”否定了宏观调控的必要。凯恩斯也并不是一般地反对自由竞争,它与传统经济学的区别只是在于国家是否应对宏观经济进行干预。凯恩斯把自己首次提出的宏观调控直接称之为国家干预,正是标志他与传统经济学的根本区别所在。

如果说宏观调控和国家干预的混同,对西方国家并未产生理论上和实践上的迷误的话,那么,对于我国的情况则有所不同。中国的市场经济是由计划经济发展而来,人们习惯于计划体制下哪种对宏观经济和微观经济的全面而直接的干预,因此,在社会主义市场经济条件下,明确宏观调控的含义,把宏观调控和其他国家干预严格区别开来,是非常重要的。

宏观调控是现代市场经济的内在要求,市场经济国家任何时候都需要关注和加强宏观经济的调控,而除宏观调控之外的其他国家干预,则应有区别、有限制地加以采用。有的国家干预措施,在当前还需保留,但条件变化后则应取消。总的来看,随着市场经济的成熟和市场机制的完善,国家干预的范围和作用会逐渐缩小。所以,与宏观调控不同,不能一般地、笼统地强调国家干预。

宏观调控的总目标是保持经济总量平衡,即保持总需求和总供给的平衡,以实现经济持续稳定的增长。宏观调控的具体目标,西方经济学界基本一致地界定为经济增长、稳定物价、充分就业和国际收支平衡四个方面。

在这里,我们所关注的收入分配公平的问题为什么没有列入宏观调控的目标内容?经济学者对其原因做了说明。他们指出,收入分配公平问题不仅是一个经济学的问题,它也是社会学等其他社会科学所要研究的重要问题,而且,在不同的历史发展阶段,评判收入分配公平的标准是不相同的;即使在同一历史发展阶段,对处于不同地位的人来说,这个评判标准也是不相同的。

当然,没有把收入分配公平问题作为宏观调控的目标,并不意味着经济学回避

---

① 汤在新,吴超林.宏观调控:理论基础与政策分析[M].广州:广东经济出版社,2001.

收入分配问题。古典经济学的完成者李嘉图甚至把收入分配视为经济学的主要问题，当代颇有影响的经济学家如萨谬尔逊、奥肯等也曾研究收入分配的公平问题，然而，所有这些研究，主要是与效率问题结合在一起进行的。①

经济法对经济现象的研究是以经济学作为重要理论基础的，但经济法对经济现象和经济问题的关注，除了注重效率，更多的还是关注公平。这也是经济法在宏观调控问题上与经济学存在的研究视角上的差异。

根据上述理论，我们可以概括地说，经济法所调整的宏观调控关系就是政府在实现宏观调控目标过程中所形成的各种经济关系。

下面我们从宏观经济运行的角度进一步分析政府如何对宏观经济运行进行调控，以及宏观调控关系的具体表现领域。在现代市场经济条件下宏观调控的作用主要通过市场机制来实现，宏观经济调控实际上是政府调控市场、市场引导企业为基本路径。在现实经济生活中，政府对宏观经济的调控，主要通过政府在宏观经济运行中的经济行为及其影响体现出来。政府在宏观经济中的经济行为归纳起来有以下几个方面：②

（一）参与和组织国民收入的分配

凭借一定的政治权力和生产资料所有权，参与和组织国民收入分配，是政府重要的经济行为。在市场经济条件下，政府参与和组织国民收入分配的主要形式是组织财政收入和安排财政支出。其中组织财政收入的主要手段是向生产者和消费者征税和举债等；安排财政支出的主要手段是财政预算，其主要目的是维持政府本身的生存和满足政府行使政治、经济等各项职能的需要。

财政收入占国民收入或国内生产总值的比例是观察分析一个国家政府活动能力的重要指标，目前世界上大多数国家财政收入占国内生产总值的比例都在40%以上。由此可见，财政收入及其量入为出的财政支出，对于社会总供给和社会总需求的平衡，对于整个国民经济的发展都会产生重要的影响。

（二）社会商品的巨大购买者和消费者

政府为了维持其生存和实现其职能，就必须付出巨大的物质消耗和劳务消耗。由于政府既不是物质生产部门，也不是劳务提供部门，因此在市场经济条件下，这些巨大的消耗，只有通过政府按照等价交换的原则向社会物质生产部门和劳务服务部门进行商品和劳务的购买才能得到补充。此外，政府对于社会商品的购买有时不仅是为了自身的消费，还有进行宏观调控的目的。

---

① 汤在新，吴超林．宏观调控：理论基础与政策分析[M]．广州：广东经济出版社，2001.

② 谢志强．政府干预理论与政府经济职能[M]．长沙：湖南大学出版社，2004.

政府对于社会商品购买的多少,实际上就是国家财政支出的增加和减少。因此,政府作为巨大的集团购买者和消费者的行为,对于社会总需求和社会总供给的平衡,对于整个国民经济的发展,同样有重大的影响。

(三)国有资产所有者代表,社会投资主体之一

在社会主义市场经济条件下,中央政府代表国家对企业国有资产行使所有权。在政企职责分开、所有权与经营权分离的情况下,中央政府虽然不直接经营企业,但是作为所有者的代表,政府的意志和行为仍然会对国有企业和其他以国家为主要出资者的企业的生产和经营有重要影响。中央政府也是社会经济发展的投资者,其投资项目主要是国有企业和一些不以赢利为目的的基础设施和公共服务设施。此外,还有一些跨地区、跨行业的大型建设项目,难以由企业和个人筹资建设,也需要由政府参与规划和投资。由于投资对于宏观总量平衡和整个国民经济发展具有很大影响,因此政府作为投资者,其投资方向和投资规模必然对整个国民经济的发展具有举足轻重的影响,对整个宏观经济运行产生重要作用。

(四)通过中央银行发行货币,控制货币流通数量

货币数量对于宏观经济运行具有重大影响。一般来说,流通中的货币数量应该与商品和劳务的价格成正比,与货币的流通速度成反比,违背了这一比例关系,就会造成社会总供给和社会总需求的失衡。

在市场经济条件下,政府之所以能够控制流通中的货币流通数量,首先是因为它是法定货币的发行者。这是因为,在市场经济条件下,流通中的货币不是由等价商品来支持的,而是由中央政府金融机构的信用来支持的。因此,法定货币必须由中央政府的金融管理机构——中央银行来发行。中央银行掌握了货币发行权,也就掌握了对流通中货币数量的控制权。

此外,中央银行不但有货币发行权,而且掌握着基准利率调节权、中央银行资金管理权、信用总量调控权等。中央银行利用这些权力,就可以按照既定的货币政策,调节流通中的货币数量,从而达到货币稳定、供需平衡的目标,这样就能为国民经济的发展创造一个良好的金融环境。

(五)作为管理主体,对宏观经济运行施加影响

前述几项侧重分析了国家政府部门的经济行为。但是,国家政府部门作为宏观经济管理主体,毕竟还有管理行为,而且这种管理行为对于宏观经济运行起着控制和导向作用。实际上,在市场经济条件下,宏观经济的运行受两种力的制约,这两种力就是市场机制的内在调节力和国家政府宏观经济管理的外在控制力。在任何时候,宏观经济的运行情况都是这两种力合力作用结果的反映。因此,如果这两种力相互协调、相辅相成,形成的合力就能保证宏观经济正常健康地运行。如果其

合力相互矛盾、相互抵消，就要造成宏观经济运行的紊乱。

2013 年 11 月 12 日中共十八届中央委员会第三次全体会议通过的《中共中央关于全面深化改革若干重大问题的决定》指出："经济体制改革是全面深化改革的重点，核心问题是处理好政府和市场的关系，使市场在资源配置中起决定性作用和更好发挥政府作用。市场决定资源配置是市场经济的一般规律，健全社会主义市场经济体制必须遵循这条规律，着力解决市场体系不完善、政府干预过多和监管不到位问题"。

《决定》把"健全宏观调控体系"作为加快转变政府职能的一项重要任务，做了专门论述，指出"宏观调控的主要任务是保持经济总量平衡，促进重大经济结构协调和生产力布局优化，减缓经济周期波动影响，防范区域性、系统性风险，稳定市场预期，实现经济持续健康发展。健全以国家发展战略和规划为导向、以财政政策和货币政策为主要手段的宏观调控体系，推进宏观调控目标和政策手段运用机制化，加强财政政策、货币政策与产业、价格等政策手段协调配合，提高相机抉择水平，增强宏观调控前瞻性、针对性、协同性。形成参与国家宏观经济政策协调的机制，推动国际治理结构完善。"

《决定》关于健全宏观调控体系的规定，将成为指导我们认识和确定经济法调整宏观调控经济关系的基本依据。

第三章　经济法的产生与发展

第一节　经济法的产生

一、经济法产生问题概说

关于经济法是何时产生的，学者们有不同的认识和观点。李昌麒教授在他的著作里对这些观点做了归纳。总体来看有三个方面的认识：①

第一，认为经济法是发达资本主义国家进入垄断阶段以后产生的。比如潘静成、刘文华教授在他们的著作里就有这样的认识。他们认为，由于私有制和自发的市场经济导致社会矛盾激化，发达资本主义国家于 19 世纪末 20 世纪初走向了垄断和社会化发展阶段。垄断恶化了竞争环境并导致消费者利益受损，在这种情况下，单靠市场的力量难以克服因垄断而造成的危机。与此同时资本主义国家又以一种新的理念，运用"国家干预"、"混合经济"、"管理贸易"等新的做法，以"有形之手"直接或具体地干预和参加经济生活，于是出现了与民商法和其他法律迥然有异的经济法律法规，有学者将其诠释为"经济法"。②

第二，认为经济法是随着国家与法律的产生而产生的，但是经济法作为一种独立的法律力量则是在资本主义社会以后才出现的。有学者认为，就经济法是国家干预经济关系的法律规范来讲，在古代社会时期，外国的《亚述法典》、《汉谟拉比法典》、罗马法以及我国的《法经》、《秦律》、《唐律》等法律中就有调整需要由国家干预的经济关系的规定。由此可以认为，经济法的发展历史可以上溯到古代的"诸法合体"的法律体系当中，但是，经济法作为一个独立的法律力量的兴起，则是在人类社会进入到资本主义社会以后的事情。③

第三，认为作为独立的法律部门的经济法产生于古代社会。有学者指出："不论在国外还是在中国，经济立法不断加强，经济法规日益完备，这是社会经济关系发展变化的客观要求。经济法是调整特定经济关系的法律规范的总称。这是生产

---

① 李昌麒. 经济法学[M]. 北京：法律出版社，2007.

② 潘静成，刘文华. 经济法[M]. 北京：中国人民大学出版社，1999.

③ 李昌麒. 经济法——国家干预经济的基本法律形式[M]. 成都：四川人民出版社，1999.

力与生产关系、经济基础与上层建筑矛盾运动的产物,经济法的产生和发展是不以人们的意志为转移的。它既不是人们提出经济法这一概念的时候才产生的,也不是在人们承认了它是一个独立法律部门的时候才存在的。当适应经济关系发展的需要而制定的、调整特定经济关系的法律规范达到一定数量的时候,也就形成了作为独立法律部门的经济法。因此,不论奴隶制国家、封建制国家、资本主义国家,还是社会主义国家,都有各自的经济法。当然,在不同的社会制度的国家,经济法的本质、内容和作用是各不相同的。"①

关于经济法产生时间方面的不同观点,实际上是基于对经济法现象本身的不同的理解,以及对"经济法"概念含义的不同认识和界定。李昌麒教授就认为,"有关经济法起源问题的认识,一般可以从两个角度来予以探讨:一是从单纯的法律条文、法律规范的角度来考察;二是从法律部门划分的角度来考察。从单纯法律条文、法律规范的角度来看,在前资本主义'诸法合体'的法律体系中,存在许多国家干预经济关系的法律规定,甚至完全可以用现代的概念赋予前资本主义国家这些干预经济关系的法律规定以经济法的外壳。可以说,这些具有国家干预经济关系特点的法律条文、法律规范就是经济法规范。既然经济法规范产生了,那么经济法也就客观存在了。但是,这种经济法与'资本主义经济法'或'现代经济法'不同,'资本主义经济法'或'现代经济法'是部门意义上的经济法,而前资本主义的经济法是从法律条文、法律规范角度上来谈的,属于'古代经济法'的范畴。正如民法研究的那样,经济法作为国家干预经济的法,它的起源也可以追溯到古代'诸法合体'的法律体系中去,但是作为第二种意义上的经济法,即作为法律部门意义上的经济法,则是在人类社会进入到资本主义社会以后发展起来的,也只有在资本主义社会特有的政治制度、经济制度、文化制度背景下,经济法才能成为一种独立的法律力量登上历史舞台。"②

我国译介的一些国外学者的著作里也有与李昌麒教授的观点大致相同的认识,比如,日本学者丹宗昭信、厚谷襄儿的著作中就曾指出:"市民社会后的民法秩序,原则上虽然拒绝国家对经济(市场)的积极介入,但19世纪后半叶,随着资本主义的发展,垄断市场的倾向日渐显著,产生了各种市场弊端。因此,国家对自由市场干预的法即经济法,也就与社会方面的劳动法同步发展起来。""这些近代的经济法虽然是19世纪末发展起来的,但国家对市场的介入法,在市民革命前就已经存在了。"③当然,在他们的著作里,关于经济法的研究还是以资本主义的市场经济为

① 杨紫烜.经济法概要[M].北京:光明日报出版社,1987.

② 李昌麒.经济法学[M].北京:法律出版社,2007.

③ 丹宗昭信,厚谷襄儿.现代经济法入门[M].谢次昌,译.北京:群众出版社,1985.

前提的,一般"并不涉及这种市民社会以前的经济法。"

实际上,从学科的角度而言,多年以来我国学术界关于经济法问题的研究,基本上都是从法律部门意义上来认识和定位经济法现象的。不管是同民法学者之间关于经济法地位问题的争论,还是经济法学者内部关于经济法调整对象等问题的探讨,基本上没有脱离经济法作为法律部门这一前提。大多数学者都是在法律部门的语境下来讨论经济法问题。因此,我们在这里研究经济法的产生问题,当然要从法律部门的视角出发,探讨经济法作为一个独立法律部门的产生问题。

任何法律部门的产生,都需要主客观两方面的条件。客观方面的条件是指在社会发展中出现了需要以不同于以往的法律原则、制度来规范的某些社会关系,并有了相应的司法实践或成文法。主观方面的条件是指由法学家对业已出现的客观社会经济条件和法律规范进行总结、解释和归类,形成相应的法学理论或学说,并在相当程度上被社会所接受。①

一般认为,经济法作为一个独立的法律部门是资本主义由自由竞争向垄断资本主义过渡的过程中出现的法律现象。正如丹宗昭信、厚谷襄儿著述中所说的那样,在19世纪的后半叶,随着资本主义的发展,垄断市场的倾向日渐显著,产生了各种市场弊端。国家对自由市场干预的法律——经济法也就应运而生了。

经济法现象最早产生于德国,在第一次世界大战时期,德国由于执行战时的经济政策,在经济领域出现了新的立法活动和新的法律现象。比如,1915年发布了《关于限制契约最高价格的公告》,1916年及1917年发布了《确保国民粮食战时措施令》和为确保战时需要的公告,颁布了许多最高价格的有关命令和规则,并实行了战时冻结。继之在战后,又开始出现了有关战时经济恢复的法令,以及在《魏玛宪法》体制下的社会化法和其他新的法律现象。比如,1918年《战时经济复兴令》,1919年社会化法、煤炭经济法、碳酸钾经济法和1923年《对滥用经济权力令》(卡特尔令)等。② 这些经济法现象的出现,是作为法律部门意义上的经济法在客观方面的最初存在。值得注意的是,最初的经济法现象虽然产生于战争的环境,或直接服务于战争的需要,或为满足战后经济恢复之需要,但从本质上讲,这些经济法现象产生的根源并非战争本身,而是资本主义经济制度固有矛盾的必然结果。正如金泽良雄论述的那样:"虽然经济法产生的历史背景,是战争和革命这一特殊社会现象,但它并不存在于经济发展过程的突变现象之中,而一般地是以资本主义高度发展(战争也是其表现之一)为基础的。"③

① 史际春,邓峰.经济法总论:第2版[M].北京:法律出版社,2008.

② 金泽良雄.经济法概论[M].满达人,译.兰州:甘肃人民出版社,1985.

③ 金泽良雄.经济法概论[M].满达人,译.兰州:甘肃人民出版社,1985.

经济法现象在德国的出现也促发了经济法理论在德国的兴起，以“集成说”、“对象说”、“世界观说”、“方法论说”等关于经济法概念的学说，构成了德国初期经济法理论的基础，而且这些理论对其他国家的经济法理论发展也产生了深刻的影响。经济法理论在德国兴起，不仅仅是因为经济法现象肇始于德国，还是因为德国特殊的学术土壤，“这些新的法律现象，对于在德国法学中所表现的追求概念结构的缜密性和理论上的精辟性来说，的确是一个极为理想的研究对象。”①经济法理论在德国的出现，是经济法作为独立法律部门的产生具备了主观方面的条件。

二、经济法产生的经济根源和社会根源

（一）经济法产生的经济根源

我们考察经济法产生问题是以市场和国家的关系为基础的，以此逻辑出发，经济法产生的经济根源就是市场失灵与政府失灵。②

在市场经济条件下，市场是一种资源配置的系统，政府也是一种资源配置的系统，二者共同构成社会资源配置体系。市场是一种结构精巧而且有效率的商品交易机制，这已经为经济发达国家几百年的经济发展史所证实，而且为各种经济学理论所论证和肯定。亚当·斯密将市场规律形容为“看不见的手”，认为不需要任何组织以任何方式干预，市场就可以自动地达到供给与需求的均衡，而且宣称当每个人在追求私人利益的同时，就会被这只手牵动着去实现社会福利。马克思同样赞叹市场机制的效率，并将价格规律提升为价值规律，认为商品的价值是由社会必要劳动时间决定的，而价格围绕价值上下波动来调节生产和流通，并促进技术进步和经济发展，同时马克思也指出了市场波动是导致经济危机的可能因素。

市场是一种有效率的经济运行机制，这是毋庸置疑的。市场失灵是与市场效率相对应的。上述所言的市场配置效率是以完全的自由竞争作为严格假设条件的，而现实的市场并不具备这种充分条件。所以，市场的资源配置功能不是十全十美的，市场机制本身也存在固有的缺陷，这里我们统称之为“市场失灵”。市场失灵为政府介入或干预提供了必要和合理的依据。

市场失灵是西方经济学的概念，由“Market Failure”翻译而来，在我国有多种表述，如市场失效、市场失败、市场无效等，但现在多用“市场失灵”这一表述。国内学者一般认为，所谓市场失灵，是指由于市场内在功能性缺陷和外部条件缺陷引起的市场机制在资源配置的某些领域运作失灵。它有狭义和广义两层含义。狭义的

---

① 金泽良雄．经济法概论[M]．满达人，译．兰州：甘肃人民出版社，1985.

② 市场失灵和政府失灵问题是经济学的重要理论，本书在此主要参考了谢志强著《政府干预理论与政府经济职能》，梁小民著《经济学是什么》，陈共编著《财政学》等著作。

市场失灵主要表现在市场对外部负经济效果、垄断生产和经营、公共物品的生产、不对称信息情况下的商品交易以及社会分配不均等问题的调节上运作不灵。广义的市场失灵除了狭义的市场失灵的内容外,还包括由宏观经济总量失衡导致的经济波动。它主要是由市场机制的自发性、盲目性和滞后性引起的。

有学者认为,应该用"市场缺陷"这一概念来概括市场所不能有效解决的所有经济和社会问题。市场缺陷应包括狭义的"市场失灵",也包括市场不能解决的其他经济与社会问题,即在存在完全竞争市场条件下仍会出现或存在的种种问题,如收入分配不平等、经济总量失衡、人口膨胀等等,这些问题是市场没有能力解决的,换言之是市场缺陷和局限性。①

以下我们对市场失灵的主要表现作简要介绍:

1.垄断。市场效率是以完全自由竞争为前提的,然而当某一行业在产量达到相对较高水平后,就会出现规模收益递增和成本递减问题,这时就会形成垄断。当一个行业被一个或几个企业垄断时,垄断者可能通过限制产量,抬高价格,使价格高于其边际成本,获得额外利润,从而使市场失灵。

2.信息不充分和不对称。竞争性市场的生产者和消费者都要求有充分的信息,特别是在现代信息社会条件下,信息构成商品生产、消费和营销的最敏感的神经系统。生产者要知道消费者需要什么,需要多少,以及需求的瞬间变化,消费者要知道产品的品种、性能和质量,生产者之间也需要相互了解,商品营销是生产和消费之间的连接环节,更需要灵敏地掌握生产和消费的信息。

完全竞争市场的一个重要假设是"信息是完全的",但是,在现实中,信息一般是不完全的,并且获取完全信息也不是免费的,要付出成本。在市场经济条件下,生产者与消费者的生产、销售、购买都属于个人行为,掌握信息本身也成为激烈竞争的对象。信息的不完全性会破坏市场机制运行中的"优胜劣汰"的规律。在市场交易中,当交易双方在交易后,甲方因不能掌握足够的信息去监督乙方的行为时,乙方可能会发生一味追求自己的利益而损害甲方利益的现象。这就破坏了市场经济中的社会利益最大化的原则,使社会资源无法实现最优配置。

3.外部效应。完全竞争市场要求成本和效益内在化,产品生产者要负担全部成本,同时全部收益归生产者所有。外部效应说明的是一个厂商从事某项经济活动给其他人带来利益或损失的现象,如上游水库可以使下游地区从中收益,是正的外部效应,造纸厂对河流造成污染,是负的外部效应。因此,外部效应就是指在市场活动中没有得到补偿的额外成本和额外收益。当出现正的外部效应时,生产者的成本大于收益,利益外溢,得不到应有的利益补偿;当出现负的外部效应时,生产

① 谢志强.政府干预理论与政府经济职能[M].长沙:湖南大学出版社,2004.

者的成本小于收益，受损者得不到损失补偿，因而市场竞争就不可能形成理想的效率配置。

4.公共物品。要了解公共物品为什么会引起市场失灵，首先必须了解与公共物品相对应的私人物品。私人物品是由个人消费的物品，它具有消费的排他性和竞争性。排他性指一个人拥有了某种物品，他就可以很容易地不让别人消费。例如，如果你拥有一个苹果，你要不让别人消费这个苹果是很容易办到的。竞争性是指一个人消费了一定量某种物品，就要减少其他人的消费量。因为市场上的物品是有限的。例如，你多消费一个苹果，其他人就要少消费一个苹果。私人物品的排他性和竞争性决定了每个人只有通过购买才能消费某种物品，也就是说消费者只有通过市场交易向生产者购买才能消费这种物品。有市场交易就有价格。如果生产者认为消费者愿意支付的价格使他们生产有利可图，他们就愿意生产。交易结果双方满意。因此，由自发的价格来调节私人物品可以实现供求相等。在配置私人物品生产的资源时，市场机制是有效率的。

公共物品是由集体消费的物品，它具有消费的非排他性和非竞争性。例如，路灯是一种公共物品，你无法不让任何一个人利用路灯，这就是公共物品的非排他性，即无法有效地阻止任何人消费。同时，你利用路灯也并不影响别人利用路灯。这就是公共物品的非竞争性，即一个人的消费不会减少其他人的消费。

公共物品的非排他性和非竞争性决定了人们不用购买仍可以进行消费。这种现象称为搭便车，或免费乘车。人们不购买公共物品，公共物品就不会进入市场交易，从而也没有价格，生产者也不愿意向社会提供。这就是说，依靠市场价格自发调节，公共物品的供给就大大小于需求。但像国防、道路、立法、基础研究这类公共物品是任何一个社会发展所必需的。然而，市场调节无法提供充分的公共物品，在公共物品问题上，市场所实现的资源配置是无效率的。

5.收入分配不公。市场机制效率是以充分竞争为前提的，而激烈的竞争不可能自发地解决收入分配公平问题。市场经济在分配方面的缺陷主要是以下原因产生的：第一，在市场机制的作用下，各经济利益主体追求各自利益最大化，会使收入不均不断拉大，以致出现富者愈富，贫者愈贫。第二，在垄断存在的情况下，价格会严重背离价值，从而是一部分人获得不合理收入。第三，在市场经济的自发作用下，生产要素供求状况的不平衡必然形成要素、收入的不合理差距。第四，虽然市场交易在原则上是平等的和等价的，但由于人们的资源禀赋不同，收入水平就会有差别。

6.经济波动。市场机制是通过价格和产量的自发波动达到需求与供给的均衡，而过度竞争不可避免地导致求大于供与供大于求的不断反复：求大于供，物价上涨，会导致通货膨胀；供大于求，压缩生产，会导致失业率上升，这是市场经济不可避免的弊端。

市场失灵为政府干预经济提供了必要性。市场经济需要政府干预,但政府干预并非总是有效的,市场机制存在失灵问题,政府机制同样会带来政府干预失灵的问题。政府的运行是以政治权力为基础和前提的,而经济是政治的基础,政治权力不能创造财富,却可以支配财富,甚至于凌驾于经济之上支配经济,这正是政府干预失灵的根本原因。

政府失灵的原因和表现大体有以下几个方面:

1.政府决策失误。大的方面包括发展战略和经济政策失误,小的方面包括一个投资项目的选择或准公共物品提供方式的选择不当等,而政府决策失误会造成难以挽回的巨大损失。比如,提供居民出行便利的城市交通是地方政府的一项重要职责,但公共交通属于准公共物品,可以由政府举办,也可以由企业举办,这里有多种决策方案:是提倡私人购车还是发展公共交通,何者更有利于缓解交通拥堵和便利居民;发展公共交通,是建设地铁还是建设地上轻轨,何者成本更低,效益更高;是由政府包办还是吸引企业参与等。这里是决策问题,也就是效率问题。

2.寻租行为。在市场经济条件下,几乎不可避免地会产生由于滥用权力而发生的寻租行为,也就是公务员特别是领导人员,凭借公权力牟取私利,进行权钱交易,化公为私,收受贿赂等。

3.政府提供信息不及时甚至失真。政府提供的信息是多方面的,如经济形势判断、气象预报、自然灾害预测等都是引导经济运行的重要信息,一旦失误,都会带来不可估量的损失。

4.政府职能"越位"和"缺位"。这种政府干预失灵,主要可能发生在经济体制转轨的国家。经济体制转轨的一个核心问题是明确政府与市场的关系,规范政府经济行为,转变政府经济职能。如前所述,政府干预是为了弥补市场失灵,而政府干预失灵,是指政府干预非但没有弥补市场失灵,反而干预了正常的市场规则,损害了市场效率。

(二)经济法产生的社会根源

生产的社会化,资本的集中和垄断所引发的资本主义固有矛盾的总爆发是资本主义经济法产生的社会根源。

19世纪末叶到20世纪初,资本主义的工业生产得到了前所未有的发展,整个资本主义世界从1870年到1900年30多年的时间里,钢产量从52万吨一跃而为2830万吨,铁路长度从21万公里增长到79万公里,社会生产力以历史上无法比拟的速度发展着、膨胀着。与此相适应,资本也在急剧地集中,各种类型的垄断组织相继出现,控制了某个经济部门,甚至整个国家的经济命脉。生产的社会化、资本的集中与垄断,使资本主义的固有矛盾空前尖锐,导致资本主义周期性经济危机加剧和深化。面临这种局面,代表垄断资产阶级利益的资本主义国家,就以全社会“代表”的名义,不得不放弃原来对社会生产所谓“不干涉”和“自由放任”的原则,并以国民经济组织者、管理者的身份来干预整个国民经济活动,这种情况反映在法律上,便产生了以国家干预国民经济活动为主要目标的经济法,来制约社会经济生活,从而达到为资产阶级服务的目的。资本主义经济法的产生,是国家垄断资本主义形成和发展的必然结果,是资本主义国家资本社会化、生产社会化和管理社会化的产物。①

三、经济法产生的理论基础

早在19世纪40年代,在经济法比较发达的德国,经济理论方面出现了以布鲁诺·希尔德布兰德(Bruno Hildebrand)和卡尔·克尼斯(Karl G·A·Knies)等为代表的“国家干预主义”,即“历史学派”。他们反对古典学派的自由放任思想,主张“国家干预主义”。他们大肆宣扬国家对经济发展的特殊作用。主张国家干预经济生活和实行保护贸易,用国家的力量来保护和促进德国资本主义经济的发展,进行对外经济扩张,争夺殖民地。② 在第一次世界大战前后,德国的当权者就把这种理论在立法实践上加以利用和发挥,制定了一系列所谓“战时统制法”或“战时经济法”。所以,这一理论就成为资本主义国家最早制定经济法的理论根据,可以说,“历史学派”的“国家干预主义”是资产阶级最早的经济法律思想。这种学说在立法实践上的运用,使经济法律和经济法学研究得到了开拓性的发展。随着经济立法的发展,资产阶级经济法学也应运而生,在第一次世界大战后,德国就出现了《战时军事经济的法律形态》(1921)《战时经济法原理》(1918)等较为系统的经济法学著作。希特勒上台后,为了准备和发动第二次世界大战,进一步发展了经济统制的理论,推行“国家社会主义”,使德国的经济法进一步得到发展。③

19世纪20年代初,资本主义由自由竞争阶段发展到垄断阶段。由于垄断打破了原来自由竞争的局面,原来维护市场均衡的价格规律、供求规律、竞争规律不能充分发挥作用,社会生活的不协调性日益突出,以至经常爆发经济危机。尤其是进入20世纪20年代后,整个资本主义世界陷入了深刻的政治、经济危机中。1929—1933年爆发的一场空前的世界性经济危机,使生产大幅度下降,贸易空前萎缩和失业人口猛增。1932年,整个资本主义世界的工业生产比1929年下降了1/3以上,总失业人口由1000万增至3000万,加上半失业者共达4000—5000万

① 中南政法学院经济法系《经济法通论》编写组.经济法通论[M].北京:经济科学出版社,1986.

② 许济新.政治经济学辞典:中[M].北京:人民出版社,1980.

③ 中南政法学院经济法系《经济法通论》编写组.经济法通论[M].北京:经济科学出版社,1986.

人。在美国,这期间内失业、半失业人口由150万人增至1700万人。这场危机不仅席卷工农业和商业,而且扩及金融市场、资本市场和整个流通领域。1933年3月,罗斯福就任美国总统,为了对付严重的经济危机,他要求国会授予他以"紧急全权",并宣布执行新政,新政的核心就是政府对经济运行进行干预和调节。罗斯福新政的主旨在于政府对财政、货币、金融、产业部门等进行干预和调节,来克服危机,缓和矛盾。新政的主要内容体现在一系列的经济立法方面,有货币金融方面的"紧急银行法"、"存款保险法"、"黄金法"等;有关于调节工业方面的"全国产业复兴法";有关于调节农业方面的"农业调整法"等。罗斯福新政的推行,对于解决经济危机,促进经济复苏,减少失业人数,确实收到了一定的"疗效"。然而,"新政"毕竟没有一套成体系的理论作思想基础,应对措施也没有系统化地提到政策的高度。

在20世纪20—30年代经济大危机和自由放任学说陷入困境的时代背景下,凯恩斯在1936年出版了其代表作《就业、利息和货币通论》,提出了以政府干预为基础的一般就业理论及政策措施。

凯恩斯的理论及其政策主张在西方经济学说史上,背离了自由放任经济学的传统教义,对经济运行机制在理论塑造与政策措施方面确实是一种改弦更张的重大变革,影响巨大而深远。他把经济学分析的重点由供给方面转向需求方面,正是需求重于供给的分析方法,有助于凯恩斯创立有效需求原理和政府需求管理政策,从而完成了经济学说史和经济政策史上的"革命",否定了传统的"萨伊定律"①,否定了自由放任政策,明确承认经济危机和失业现象的普遍存在,自发调节是有缺陷的,扩大政府的经济职能是避免资本主义陷于全面毁灭的唯一有效办法。所以,凯恩斯经济学取代传统的古典经济学的主流地位,成为西方经济学的新正统。

在政策上,凯恩斯极力主张政府干预经济生活。他认为,自由市场制度是一种有效的机制,它能够保障个人自由并激发人们的创造性。但市场机制本身存在缺陷,市场机制的自动调节,已无法实现充分就业的均衡状态。他确认在没有政府干预经济生活的情况下,必然会出现有效需求不足,要发挥"看得见的手"的作用,政

① 约翰·梅纳德·凯恩斯.就业、利息和货币通论:重译本[M].高鸿业,译.北京:商务印书馆,1999.
传统西方就业理论的核心是萨伊的销售理论,普遍地被西方学者称之为萨伊定律。萨伊定律在西方具有许多不同的表达方式,其中最简单的一个是"供给创造自己的需求";意思是说,生产者进行生产的目的(除了自己使用的部分外),是为了拿自己的产品和其他生产者进行交换,以便得到他自己所需要的东西,正像农民把多余的粮食拿到集市上来交换日用品那样。萨伊用这种事例来表明,只要社会上存在着一种供给(在这里为粮食),就会自动地存在着一种相应的需求(在这里为农民所需要的日用品);换言之,粮食的供给会创造出相应于自己的对日用品的需求。因此,按照萨伊把这一事例普遍化的说法,社会上的一切产品都能被卖掉,从而,不会出现生产过剩的现象。不仅如此,据说由于每个生产者都想享用品种最多和数量最大的各种物品,所以每个生产者都尽量制造出最大数量的产品和别人相交换。就是说,该社会不但没有生产过剩的现象,而且还能使生产达到最高的水平,即达到充分就业状态。

府必须担负起调节需求的职能。因此，他主张国家对经济实行全面干预和调节，要求摒弃传统的收支平衡的财政政策，实行扩张性的财政政策、金融政策，以增加投资，刺激消费，扩大有效需求，解决危机和失业问题。他认为政府出面对经济进行干预可以弥补私人有效需求不足，实现总需求与总供给、投资与储蓄的均衡，从而达到充分就业的水平。①

凯恩斯经济理论的产生，标志着西方经济思潮从经济自由主义向现代国家干预主义的重大转变。凯恩斯主义理论也成为这一时期资本主义国家经济法产生的重要理论基础。

第二节　经济法的发展

一、经济法发展中的几种主要形态

如前所述，经济法作为一个独立的法律部门产生于第一次世界大战时期的德国。尽管经济法的产生有着深刻的经济根源和社会根源，其发展也存在着普遍性的规律，但由于不同历史阶段和不同国家的生产关系的现实情况，使得经济法在发展过程的不同阶段，其形式、功能和价值往往呈现出鲜明的特点。

关于经济法发展问题的研究，按照惯常思路，首先是要对其发展阶段作必要的划分和概括，分析经济法在不同阶段的现实表现。关于这一研究思路和方法，在大多数学者的著作里都有充分的体现和较好的运用。在这里我们所提出的经济法发展中的几种形态的研究，是一种新的思路。我们知道，经济法产生以后，在其发展的历程中有几个阶段呈现出了鲜明的特色，比如，初期的经济法具有浓厚的战争色彩，其后资本主义进入大萧条时期的经济法又具有明显的应付经济危机的特点，二战以后的一个相当长的时期，经济法基本上以维护经济稳定和协调发展为主要任务。经济法在发展的不同阶段所表现出的这些特点，实际上也彰显出了经济法存在的几种现实的形态。史际春、邓峰在他们的著作里把它归纳为经济法发展中由低到高的三个层次，即战争经济法、危机应付经济法和自觉维护经济协调发展的经济法。② 这是一种“大历史观”，虽不能精确的表达经济法发展的历史轨迹和逻辑，但却能够较宏观地反映经济法发展过程当中不同的存在状态。这对于我们认识经济法的价值提供了一个新的视角。

从现实的考察来看，经济法的三种形态，既反映了经济法发展的历史过程，又

① 谢志强.政府干预理论与政府经济职能[M].长沙：湖南大学出版社，2004.

② 史际春，邓峰.经济法总论：第2版[M].北京：法律出版社，2008.

反映了经济法在不同历史阶段的特殊存在。比如，从经济法发展的历史来看，基本上经历了战争经济法，危机应付经济法和维护经济稳定协调发展的经济法这样几个连续的历史过程。但经济法的同一形态在经济法发展的历史过程中又会有周期性的再现，像战争经济法，首先指的是第一次世界大战时期以德国为代表的战时经济立法，当然也包括第二次世界大战时期德国、日本等国家的战时经济立法(在此期间又经历了资本主义大萧条时期的危机应付经济法现象)。再像应付经济危机的经济法现象，除了在20世纪20—30年代资本主义经济危机时有突出表现以外，在20世纪70年代石油危机时期，以及本世纪初由美国的次贷危机所引发的世界金融危机时期也被广泛重视。

关于经济法发展中的几种形态，梁慧星在他早期的文章里也有过相关的论述。① 日本学者金泽良雄在论述日本经济法发展的时候也注意到了不同阶段经济法形态的变化。②

二、经济法发展的规律性

(一)经济法的发展由经济关系的发展来决定

经济法的发展由经济关系的发展来决定，这是经济法发展的一个基本的规律。马克思曾在《政治经济学批判》序言中指出："法的关系正像国家的形式一样，既不能从它们本身来理解，也不能从所谓人类精神的一般发展来理解，相反，它根源于物质的生活关系"。③ 马克思主义的基本观点为我们认识经济法发展的规律性提供了方法论基础。因此，我们认识经济法的发展就不能仅仅停留在法律现象本身，而应该深入到经济法赖以存在的社会经济关系当中去，深刻把握经济关系发展的走向和规律，只有这样，才能准确把握和深刻认识经济法现象何以发展、怎样发展的规律性。经济法的发展由经济关系的发展来决定，不仅仅反映了经济法随着经济关系的发展变化而发展变化的这样一个历史的过程，同时也表明不同时期经济法的内容，始终由这一时期居于统治地位的这个阶级的物质生活条件来决定。

(二)经济法的发展受到政府与市场关系变化的深刻影响

经济法是体现国家干预和调节国民经济的法律。特别是资本主义经济法，更是国家权力介入市民社会并对自由市场进行干预的法。因此，政府与市场关系的存在与变化对经济法的存在及自身现象的流变产生深刻影响。正是这一原因，经济法学者大都以政府与市场的关系来构建自己的经济法理论体系，并且把政府与

① 梁慧星.中国民法经济法诸问题[M].北京：中国法制出版社，1999.

② 金泽良雄.经济法概论[M].满达人，译.兰州：甘肃人民出版社，1985.

③ 马克思恩格斯选集：第2卷[M].北京：人民出版社，1972.

市场的关系作为经济法理论研究的一个中心课题。

经济法发展的历史表明，政府介入市场的深度和广度对经济法的地位产生重要影响，政府介入市场程度越高，经济法的地位越凸显，反之亦然。同时，政府介入市场的目的和方式的不同，对经济法的性质和功能也有重要影响。比如，第一次世界大战期间，德国基于战争的需要，使国家权力全面介入社会生活，实行政府对经济的统制，在此基础上产生的战时经济法律必然地具有了浓厚的国家主义性质，反映出了为战争服务的基本功能。

（三）经济法在发展过程中受到一国社会政治制度、经济制度和文化传统的影响，其内容和形式往往呈现出不同的特点

首先，经济法作为一国上层建筑的重要组成部分，受一国社会政治制度、经济制度和社会意识形态的广泛影响。在经济法产生以来，以前苏联为代表的社会主义经济法与西方资本主义经济法走出了两种完全不同的道路，表现出了两种完全不同的价值取向。社会主义经济法建立在公有制和计划经济基础之上，捍卫公有制的重要地位，确立了国家财产神圣不可侵犯的法律原则。而资本主义经济法则是建立在私有制和市场经济基础之上，是资本主义国家依靠国家经济政策的手段来维持和发展资本主义经济体制和经济制度的法律。

中国经济法产生之初，由于仍然实行计划经济为主的经济制度，所以经济法律制度受到原苏联经济法律制度的深刻影响。随着改革开放的深入，特别是建立了社会主义市场经济体制之后，中国的经济法走上了一条具有中国特色的社会主义发展模式。

其次，文化传统的不同，使得各国的经济法在发展中也呈现出了明显的差异性。比如大陆法系国家和英美法系国家，虽同属资本主义国家，但文化传统的差异性使得两大法系国家的经济法无论在价值层面，或是在法律形式方面，都表现出了各自独有的特点。在美国，可以说至少在第二次世界大战结束之前，根本没有人使用过“经济法”这一词汇，也没有作为独立学科意义上的经济法概念的存在；但是，1890 年的谢尔曼法、1914 年的克莱顿法和联邦贸易委员会法，1925 年相继制定的企业者团体法，以及以这些法律为中心的判例，却建立起了相当缜密的反托拉斯法体系。这些法律主要的目的是要防止经济力过度集中，而这些又与美国三权分立的政治制度以及由此形成的防止权力集中的价值理念和文化观念不无关系。有学者把美国的这些经济法律称作“草根民主主义经济法”。① 这与德国和日本战前制定的哪些体现国家主义观念，反映国家对经济统制的经济法律大异其趣。

① 丹宗昭信，伊从宽. 经济法总论[M]. 吉田庆子，译. 北京：中国法制出版社，2010.

三、经济法发展的动力

经济法发展的根本动力是社会基本矛盾的运动。即生产力与生产关系，经济基础与上层建筑矛盾运动的结果。马克思指出："人们在自己生活的社会生产中发生一定的、必然的、不以他们的意志为转移的关系，即同他们的物质生产力的一定发展阶段相适合的生产关系。这些生产关系的总和构成社会的经济结构，即有法律的和政治的上层建筑竖立其上并有一定的社会意识形式与之相适应的现实基础。物质生活的生产方式制约着整个社会生活、政治生活和精神生活的过程。不是人们的意识决定人们的存在，相反，是人们的社会存在决定人们的意识。社会的物质生产力发展到一定阶段，便同它们一直在其中运动的现存生产关系或财产关系(这只是生产关系的法律用语)发生矛盾。于是这些关系便由生产力的发展形式变成生产力的桎梏。那时社会革命的时代就到来了。随着经济基础的变更，全部庞大的上层建筑也或慢或快地发生变革。"①这就是马克思历史唯物主义的基本观点。马克思主义理论为我们认识经济法律现象进而更好地进行经济法治实践活动奠定了思想基础。一方面我们不能够超越经济发展阶段，脱离社会生产力的发展水平和生产关系的实际去创设或构建所谓的"完善"的经济法律制度，另一方面我们又要根据经济发展的需要对经济法律作适时的修改，使其与生产关系的发展相适应，避免其成为生产力发展的桎梏。

经济法发展的直接动力是改革。改革，尤其是经济改革，就是变革旧有的经济关系，经济关系的变革必然引起经济结构发生变化，进而引起上层建筑的变化。经济法在经济改革中发生，又在经济改革中发展。经济法发展的历史表明，经济法发展中的每一次重大变革都与经济的重大改革和经济关系的重大变化相关联。正是经济改革推动着经济法由一个阶段发展到另一个更高的阶段。

① 马克思恩格斯选集：第2卷[M]. 北京：人民出版社，1972.

第四章　经济法的基本原则

第一节　经济法基本原则概述

一、经济法基本原则的概念与特点

（一）经济法基本原则的概念

法律原则是法律近代化的产物，是近代国家法律体系化要求的结果。古代法律的零碎和综合性质，使其很难具有统一的原则。近代以来，法律分门别类并向体系化发展，不同的法律部门内部具有了内容和方法上的统一性，这种统一性为法律部门意义上的法律原则的形成提供了前提和条件。

自从经济法学在中国兴起以来，经济法的原则问题便一直是经济法学领域广受关注的重要理论问题。由于受到各种因素的影响，在此问题的研究方面还有许多待解的难题。究竟什么是经济法的原则，它应包含哪些内容，至今尚未有统一的认识和结论。经济法的原则有一个分类的问题，按照原则的覆盖范围可以将经济法的原则分为基本原则和具体原则两个方面，基本原则当然是覆盖整个经济法律部门的原则，而具体原则则是经济法的某一部分或某一个具体法律规范所适用的原则。我们在这里所谓的法律原则，指的是经济法的基本原则。为了研究问题的方便，我们可以给经济法的基本原则归纳一个简略的定义。所谓经济法的基本原则，就是贯穿于整个经济法制活动，对经济法的制定、执行和适用等起统率作用的基本准则。

（二）经济法基本原则的主要特点

1. 经济法的基本原则集中反映了经济法所调整的经济关系的基本立法要求。如前所述，经济法的调整对象是确定经济法原则的重要依据，因此，经济法基本原则必须反映经济法所调整的经济关系的性质和特点，充分体现这些经济关系的基本立法要求。经济法的基本原则对经济法调整的经济关系的立法要求的体现，主要是一种注释性的表达，即通过法律原则的形式明确反映这些经济关系的内在要求，从而保证经济立法的科学性和法律执行与适用的准确性。

2. 经济法的基本原则一般以法律观念的形态而存在，具有高度的概括性和抽象性。一方面,经济法的基本原则是经济法律部门中不同经济法律规范的价值的概括体现,另一方面,经济法的基本原则又是经济法基本理念的抽象性的表达。它是介于法律规范与法的理念之间的一个法的基本要素。经济法基本原则所处的这种中间性地位,使它既有了法律规范的属性,又有了法律理念的属性。因此,我们既可以把经济法的基本原则看作是法律规范中的概括性的内容,也可以将其“视为较低层次的法理念。”①经济法基本原则的特点决定了它在通常情况下是以法律观念的形态而存在。但在法律系统化程度较高的时候,比如法律以法典化的形式出现的时候,它也会以法律条文的形式存在。

3.经济法的基本原则与经济法的体系化和系统化密切相关。经济法的基本原则既是经济法律体系化和系统化的产物,反过来,又对经济法律的体系化和系统化起促进和指导作用。经济法律的体系化,既强调经济法律规范的完备性,也强调经济法律部门内部各法律规范之间的协调统一性,经济法的基本原则,在经济法律规范走向完备和协调统一的过程中起着特殊作用。经济法律系统化的形式多种多样,而其最高目标是实现法典化。经济法基本原则在经济法律系统化过程中同样发挥重要作用。一方面经济法的基本原则为经济法律的系统化过程提供重要指导,另一方面经济法的基本原则又将成为系统化了的经济法律的重要组成部分。

二、经济法基本原则的意义

经济法基本原则的意义,表现在经济法制活动的各个方面,以下我们就其主要内容作概括说明。

第一,经济法的基本原则直接体现经济法的精神,因而能够指导我们正确地制定、解释和执行经济法律。经济法的基本原则不是一种先验的东西,它是在经济法制实践活动中被总结和提炼出来的法的理论。由于它直接体现经济法的精神,反映经济法的理念和价值,所以也使其成为整个经济法律制度的重要理论基础。首先,经济法的制定要以经济法的基本原则为指导。经济法对经济关系的调整是多领域、多层次的,这也就决定了经济法律规范的多样性和复杂性特点,如何在这种多样性和复杂性的前提下保证经济法律制度内部的和谐统一,并能使这些法律规范充分反映经济法的基本精神,惟有以经济法的基本原则作为法律制定的指导,才能实现这一目标。其次,经济法的解释要以经济法的基本原则作基础。法律解释是享有法律解释权的人或机构对法律内容和含义的说明。法律解释从性质上看是一种创造性的活动,特别是立法解释,更是表现为立法活动的延续。法律解释既要坚持合法性与合理性的统一,也要坚持历史与现实的统一。同时,法律解释更要坚

① 史际春,邓峰.经济法总论:第2版[M].北京:法律出版社,2008.

持法制统一原则，即就是要求法律解释应该在法治的范围内进行，保证法律的内容、形式、精神实质的一致，以及法律的实施及其结果的相同或相似。一般认为，法律解释是对立法意图的进一步说明，因此，必须符合立法原意，不得改变原法律的规定或突破法律原则的界限。① 在这里，法律原则是法律解释的边界和基础。再次，经济法的执行要以经济法的基本原则作统领。这里所谓经济法的执行，是一种广义执法的概念，是指国家行政机关、司法机关和法律授权、委托的组织及其公职人员，依照法定职权和程序，贯彻实施法律的活动，它包括一切执行法律、适用法律的活动。② 经济法作为一个独立的法律部门，由于其调整对象的统一性，使其各个法律规范之间存在着密切的价值关联性。这样一来，经济法的执行就不简单地是对某一个法律规范的执行，而是涉及到多个法律规范的联动。而这种经济执法中各个法律规范之间的协调与配合，只有通过经济法的基本原则来做统领。

第二，经济法的基本原则可以作为司法机关审判案件的依据。也就是说，在缺乏具体经济法律规范或法律规范规定不明确、不合理的情况下，司法机关可以依据经济法的基本原则来处理各类经济纠纷。首先，当某些案件事实没有直接可供适用的具体经济法律规范时，司法机关可以根据经济法基本原则作为审判案件的依据；其次，当某些案件事实适用的具体经济法律规范不明确时，司法机关可以根据经济法基本原则作为审判案件的依据；再次，当某些案件的特殊事实导致适用原有规则不公正并可能带来不良后果时，司法机关可以根据经济法基本原则作为审判案件的依据。这里需要指出的是，在经济法律系统化程度不高，经济法的基本原则尚且以法律观念的形态存在的时候，司法机关依据其审判案件只能将其作为重要指导。而当经济法律系统化程度较高，经济法的基本原则成为法律规范的组成部分，表现为具体法律条文的时候，司法机关审理案件就可以直接引用这些原则。

第三，经济法的基本原则是人们认识经济法律现象和研究经济法律问题的重要理论基础。首先，由于经济法的基本原则充分反映经济法的基本精神，集中体现经济法的根本理念，使其成为区别经济法律部门和其他相关法律部门的重要标志。因此，人们在认识经济法律现象的时候，往往是以经济法的基本原则作引领的，通过经济法的基本原则了解经济法的性质和特点，把握经济法律规范与其他法律规范之间的价值差异。人们正是通过经济法的基本原则认识了经济法的存在及其意义。其次，经济法的基本原则也是经济法学工作者研究经济法问题的重要理论基础。由于经济法的基本原则对全部经济法律规范和经济法制活动具有统率作用，因此，经济法学工作者研究经济法问题的时候，必然地要以经济法的基本原则作为

---

① 张文显. 法理学[M]. 北京：高等教育出版社，2001.

② 张文显. 法理学[M]. 北京：高等教育出版社，2001.

研究问题的出发点。比如，关于经济立法的评价，首先是要看其是否合乎经济法的基本原则，关于经济审判的评价也要看是否贯彻了经济法的基本原则。总之，经济法的基本原则来源于经济法制实践活动，转而又成为评价和约束经济法制活动的重要标准。

第二节 经济法基本原则的内容

经济法的基本原则作为能够统率全部经济法制活动的根本准则，其内容应该反映以下三个方面的基本要求：第一，应该体现经济法的基本精神；第二，应该集中反映经济法所调整的经济关系的性质与特点；第三，应该成为经济法与其他法律部门相区别的重要标志。据此，我们可以把经济法的基本原则归纳为以下几个主要方面：

一、政府合理干预原则

经济法是体现国家干预经济生活的法律形式，经济法制活动的不同环节和不同层面都渗透着国家干预的因素，因此，将国家干预作为经济法的一个基本原则是恰当的。国家干预经济生活是通过政府的经济行为来实现的，通常是通过政府权力对市场及相关经济过程的介入达到国家干预的目标。同时，政府干预经济生活是有边界的，政府的权力也要受到必要的约束，所以，我们把经济法的这一原则表述为政府合理干预原则，也可以表述为政府权力介入与政府权力约束相结合的原则。

如前所述，在市场经济条件下，政府干预经济是以市场失灵为条件的。同时，政府干预经济与政府经济职能密切相关。政府合理干预经济，就是要科学地界定政府的经济职能。政府经济职能的界定及其选择受到一系列重要因素的制约。在社会主义市场经济条件下，政府经济职能的范围大致表现为：创造和维护正常的市场运行和竞争秩序；抑制、限制或消除垄断及垄断的不利影响；矫正外部经济效应；提供和组织公共物品的供给；减少信息不对称的负面效应；调节居民收入分配、缩小贫富差距、促进社会公平；维护宏观经济平衡、促进经济结构优化、保持宏观经济稳定；履行国有资产出资人职责，完善国有资产管理、运营和监督体制等。政府管理经济的具体职能可以大略地概括为微观规制和宏观调控两个方面。[①] 反映在法律上就构成了经济法的两个基本组成部分，即以竞争法为核心的市场规制法体系和以财税法为核心的宏观调控法体系。

---

① 谢志强. 政府干预理论与政府经济职能[M]. 长沙：湖南大学出版社，2004.

政府经济职能行为的目的是为了达到一定的政府目标。在不同的历史时期，由于不同的政治力量所形成的政府都会有各自不同的目标。然而，在一般情况下，无论什么样的政府，都是代表国家和公众利益的，其经济职能也一定是为达到政府目标和维护公众利益而存在的，而不是为了某些特定的组织、单位或个人的目标和利益来服务。以政府经济职能为内容和形式的政府干预经济的这些特性，必然地要反映在经济法的规范系统当中，并成为经济法的理念和精神。经济法的基本原则当然也要体现这些理念和精神。

政府合理干预原则包含了以下几个方面的基本含义：第一，政府合理干预原则，首先意味着经济法必须对政府的经济干预行为发挥确认和保障作用，保证政府干预经济行为目标的有效实现。这也是经济法的政策工具性的充分体现；第二，政府合理干预原则，同时也意味着对政府干预经济权力的约束。也就是说，经济法应该为政府干预经济的权力和行为划出边界。初期的经济法，政策工具性特点较为明显，其主要功能是配合政府经济行为的实现。但随着社会的发展和政治与经济民主化的推进，经济法的功能也更多地转向了对政府滥用经济权力的监督和防范方面。

政府经济干预作为经济法的一个基本原则，得到了许多经济法学者的肯定，李昌麒教授在他主编的教材里对这一原则做了比较深刻的论述，其基本思想是正确的。① 但他用“适度干预”来概括这一原则，在表述上似有不妥。因为，在现代市场经济条件下，政府干预经济只有领域和范围的问题，并不存在程度的问题。也就是说，需要政府权力介入的领域，政府干预必须尽责、到位；不需要政府权力介入的领域，政府权力就不能介入。所以，用“国家适度干预”并不能准确表达政府干预经济的思想。

中国社会主义市场经济是由计划经济转化而来，在中国的经济发展中长期存在政府干预过多的情况，但同时也存在政府“缺位”的情况。中共十八届三中全会通过的《中共中央关于全面深化改革若干重大问题的决定》指出：“经济体制改革是全面深化改革的重点，核心问题是处理好政府与市场的关系，使市场在资源配置中起决定性作用和更好发挥政府作用。”《决定》同时对政府职能的转变做出了专门的规定。中共中央的这个决定是中国今后一个时期经济与社会改革的纲领性文件，它必将对中国未来的经济体制产生重大影响，也会引起中国经济法制体系的重大变革。可以预见，在新的经济体制之下，“政府合理干预原则”将能更加准确地反映未来经济法律的理念与价值。

① 李昌麒.经济法学[M].北京：法律出版社，2007.

二、维护市场竞争秩序与保障经济稳定发展的原则

在市场经济条件下，学者们一般都是在市场与政府关系的框架内认识经济法的。政府对市场的介入构成了经济法的基础。政府权力介入市场一般有两种方式，一种方式是在肯定市场结构的前提下，运用政府权力排除影响和干扰市场正常运行的因素，维护正常市场竞争秩序，保证市场经济的正常运转；另一种方式是针对市场结构的不完全性，寻求代替竞争的合理方策。在第一种方式下，形成了以竞争法为核心的市场规制法体系，在第二种方式下，形成了以财税法为核心的宏观调控法体系。

政府介入市场的不同方式，决定了不同经济法律规范对市场活动和市场经济运行的不同的意义。以竞争法为核心的市场规制法，直接以市场主体的行为作为规制对象，它是以承认市场结构的合理性为前提，通过政府规制手段保证市场配置资源的有效性。因此，保护市场竞争，维护市场竞争秩序是这部分法律规范的核心任务。反垄断、反不正当竞争、市场价格合理化、治理污染、环境保护等成为它们发挥作用的具体目标。以财税法为核心的宏观调控法，以国民经济总量为调节对象，从宏观角度调节市场运行，着重解决市场机制引起的宏观失灵和社会资源充分利用问题。因此，它的核心任务是保证宏观经济总量平衡。经济持续协调稳定增长、物价稳定、充分就业、国际收支平衡是它发挥作用的具体目标。基于此，我们把“维护市场竞争秩序与保障经济稳定发展”作为经济法的一个基本原则。

史际春、邓峰在他们编著的教材里把“维护公平竞争”归纳为经济法的一个基本原则，而且他们认为“这是经济法反映社会化市场经济内在要求和理念的一项核心的、基础性的原则。”①他们的这一认识，关注到了市场经济条件下经济法的本质特性，触摸到了现代经济法的灵魂，是有价值的结论。但是，这一原则的归纳，不能涵盖全部经济法律规范的功能和作用，仅仅表达了一部分经济法律规范的属性。像市场规制法律规范，直接介入市场关系，以维护公平竞争为原则当然是毋庸置疑的。但就宏观调控法律规范而言，虽然与以市场为基础的国民经济运行相关，但它们作用的目标却是宏观经济结构和宏观经济运行，这些法律规范的大多数并不直接与具体的市场活动和市场过程发生关系，一般不直接指向市场主体的经济行为，所以也不直接对市场竞争关系形成影响。

三、权、责、利、效相统一的原则

经济法是具有现代性特点的法律形式。权、责、利、效相统一是现代市场经济

① 史际春，邓峰. 经济法总论：第2版[M]. 北京：法律出版社，2008.

条件下对以国家干预经济生活为特点的经济法律的一种内在要求。当然，也是经济法应该遵循的一个基本原则。

权，首先指权力，在此主要指经济职权，它是政府经济职能机构依法组织和管理经济活动的权力。经济法是体现政府干预和调节经济的法律，政府干预和调节经济的依据就是其所享有的经济职权。经济职权是政府经济职能的具体化和显性化，它包含了十分丰富的内容，同时，随着社会经济条件的变化，经济职权的内容和范围也会根据国家经济政策的变化而不断做出调整。权，同时也指权利，在此主要指经济权利，它是指经济法主体依法享有的自己为或不为一定的行为和要求他人为或不为一定行为的资格。经济权利的范围也是十分广泛的，不同的经济法主体由于参与经济活动的方式和目的的不同，其享有经济权利的内容和范围也就不同。

责，即责任。在这里，责任首先指职责，在经济法制活动中表现为经济职责，它与经济职权相对应，是对经济职权享有者的一种角色要求，它强调拥有经济职权的经济法主体必须积极并严格履行经济权力。经济法在为经济职权享有者授予经济职权的同时，也为其设定了经济职责，经济职权和经济职责具有一体性。责任，同时也指一般意义上的法律责任，即经济法主体不履行经济义务所应承担的法律后果。

利，即利益。利益作一般的解释就是指好处。利益有不同的内容，这里的利益主要指物质利益。政府干预和调节经济的一个重要方面就是协调不同主体之间的利益关系。利益关系在不同时期和不同的经济条件下会有不同的表现，在我国传统计划经济体制下，利益关系主要表现为国家、集体和个人三者之间的关系，这一时期经济法律的任务就是协调和平衡这三方面的利益关系。在市场经济条件下，利益主体日益多元化，但国家利益、社会公共利益（或社会整体利益）以及个人利益是主要的利益形式。平衡和协调这三方面的利益关系仍然是经济法的任务，而维护社会公共利益（或社会整体利益）是经济法的特殊使命。

效，在经济法制系统里有多重含义和多种意义。但总体而言，效主要意味着效果，核心是经济效果。也就是说，经济法律应该关注政府干预经济活动的效能和结果，强调政府干预经济应该实现预期的合理的效果。这就要求对政府经济职能的实现要做绩效评价，要求政府干预经济的过程注重效率，政府干预经济的结果体现效益。概而论之就是程序和过程强调效率，结果强调效益。在经济法制系统里，效，既有宏观地整体性的反映，也有微观地具体性的要求。比如，从宏观角度而言，市场规制法追求的效果主要是市场竞争秩序的完善，宏观调控法追求的效果主要是经济结构的优化和经济发展的稳定与可持续等。从微观角度而言，不同的经济法律规范有不同的效果的追求，以税收法为例，某些税收法律规范主要强调其财政职能，因此，积极组织财政收入就是其法的效果的体现，而某些税收法律规范主要强调其经济职能，因此合理配置资源就是其法的效果的体现。再以国有资产管理法为例，不同性质的国有资产的管理，其效果的要求也不相同，企业经营性国有资产管理的效果体现为国有资产的保值增值，而国家机关和事业单位占有和使用的国有资产，其管理的效果则体现为国有资产的合理和节约使用，并没有保值增值的要求。

权、责、利、效作为经济法的要素，在经济法律规范系统里实现了有效的统一。许多经济法律规范首先是赋权规范，授予经济法主体（主要是政府经济职能机构）的经济职权是这些经济法律规范的基本职能，而授予经济职权的同时，也就意味着赋予其经济职责，经济职权和经济职责统一在了具体的经济法主体之上。利益平衡和利益协调是经济法的重要任务，而完成这些任务往往又离不开合理的效果这一目标要求。

第五章　经济法律关系

第一节　经济法律关系的概念与特征

一、经济法律关系的概念

法律关系是一个基本的法律概念，它在我国法学理论当中具有特殊的地位，这不仅仅是因为法律关系理论本身对法律问题具有较强的解释能力，还是因为法律关系理论与其他法学理论和法律概念的相互关联，使其成为许多法学理论建构的基础。

我国的法律关系理论基本上是从苏联的法学理论移植而来，而在苏联的法学理论中，“形式上是把法律关系作为法学的一般概念，实际上法律关系问题主要是结合民法加以研究的，有关法律关系的理论基本上是民事法律关系理论的简单升格或者翻版，因而不能解释宪法、行政法、经济法、刑法、诉讼法等法律领域的法律关系的复杂现象。”[①]在我国以往的法学理论著作中，这一问题的痕迹十分明显。近年以来，我国法学理论工作者结合我国实际情况，就法律关系理论进行了许多创新性的研究，取得了许多有价值的研究成果，但由于法律关系理论本身的复杂性，使得我们的研究工作任重而道远。

经济法律关系理论是我国经济法学理论的重要组成部分，在我国经济法学兴起之初，经济法律关系理论就成为广受关注的理论问题，经济法学者们大都把经济法律关系纳入到自己的经济法学理论体系之中，并且成为构建经济法学理论体系和学科体系的重要基础。但是，由于理论研究和认识的局限性，这一时期的经济法律关系理论基本上套用了民事法律关系理论的模式和框架，使经济法律关系的解释力大打折扣。近年以来，针对传统经济法律关系理论存在的缺陷，学者们进行了积极的探索，提出了许多改造和完善经济法律关系理论的学说和观点，有学者甚至提出了以其他的理论分析框架来代替经济法律关系分析框架的主张。[②] 总的看来，这些观点都是建设性的，值得重视。但我认为，完全抛弃经济法律关系理论的

---

① 张文显. 法哲学范畴研究：修订版[M]. 北京：中国政法大学出版社，2001.

② 王全兴. 经济法基础理论专题研究[M]. 北京：中国检察出版社，2002.

做法并不可取，因为法律关系理论作为一个由来已久的法律概念，它对法律现象和法律问题的解释能力是毋庸置疑的，我们的任务是怎样使这一理论在与我们现实的经济法理论的结合中得到新的发展。

关于经济法律关系的概念，我国以往的经济法学论著中有各种各样的表述，反映了经济法学者认识经济法律关系的不同视角。在此，根据我国法学理论工作者对法律关系的一般理解，我们给经济法律关系一个简略的定义。所谓经济法律关系，是指经济法律规范在调整人们经济行为的过程中形成的，以经济权利和经济义务为内容的社会关系。

二、经济法律关系的特征

经济法律关系作为法律关系的一种具体表现形式，它既有法律关系一般性的法律属性和共性的特点，也具有自身独特的理论品质。以下我们对经济法律关系的属性和法律特征做概括性说明。

（一）经济法律关系是根据经济法律规范建立的一种具有合法性的社会关系

经济法律关系的这一特点，反映了以下两个方面内容：第一，经济法律规范是经济法律关系产生的前提。如前所述，经济法律关系是经济法律规范调整人们行为的过程中产生的特殊的社会关系，或者说经济法律关系是人们依据经济法律规范形成的经济权利和经济义务关系。现行经济法律规范的存在，成为经济法律关系成立的基本要素和基本前提，如果没有相应的经济法律规范的存在，就不可能产生经济法律关系。第二，经济法律关系具有合法性。经济法律关系是当事人依法形成的关系，因此，经济法律关系无论是形式还是内容，都必须符合现行经济法律规范的规定，满足具体经济法律规范的要求。经济法律关系的合法性，也使其成为通过国家强制力保证的社会关系。

（二）经济权利和经济义务是经济法律关系的核心内容

法律关系是人们之间的权利义务关系，这是法律关系的一个普遍性特征，也是法律关系区别于习惯、道德、宗教等行为规范而形成的社会关系的主要方面。[①] 习惯，是人们积久养成的生活方式，以习惯行事，是无所谓权利和义务的，由习惯调整的社会关系当然不会是权利和义务关系。道德是按照一定的价值观念，通过规定人们在社会生活中的义务，并依靠社会舆论、个人内心信念和良知调控人际关系的行为规则。所以，基于道德而形成的社会关系是一种以义务为纽带的联系。宗教

① 张文显．法哲学范畴研究：修订版[M]．北京：中国政法大学出版社，2001．

作为一种文化现象，是信奉某种特定宗教的人群对其所信仰的神圣对象(包括特定的教理教义等)由崇拜认同而产生的坚定不移的信念及全身心的皈依。这种思想信念和全身心的皈依表现和贯穿于特定的宗教仪式和宗教活动中，并用来指导和规范自己在世俗社会中的行为。所以，宗教关系也是一种义务关系。总之，在基于不同的行为规范所形成的各种社会关系中，唯有法律关系才是一种肯定的、明确的权利和义务关系。

经济法律关系作为法律关系的一种具体表现形式，当然也是人们之间的一种权利和义务关系。但经济法律关系和一般法律关系相比，又有自己独特的方面，比如，经济法律关系的内容并不是当事人之间的权利和义务的一般反映，而是表现为权力、责任、义务等因素相互交织的一个较为复杂的系统。有学者注意到了这一情况，所以在表述经济法律关系内容的时候，有意识的强调对“权力”的表达。有学者甚至认为，“权利”不能涵盖“权力”的内容，所以，主张放弃经济法律关系这一分析框架。在这里，核心的问题是对“权利”和“权力”相互关系的理解。尽管权利和权力有不同的含义，但从来源上讲，二者是互为渊源的。一方面，权力是权利的特殊形态，另一方面，权利的确认和分配要依赖于权力。而且在二者关系中，权利是第一性的，权力始终是权利的附随。权力乃是权利的一种衍生形态。从这个意义上讲，权利是可以包含权力的。所以，用经济权利和经济义务来概括经济法律关系的内容是适当的。我们的任务是，在经济法律关系的框架下，怎样对以经济权力为主要因素的经济法律关系的内容做出科学的分析和表达。

(三)经济法律关系的内容体现国家意志性

经济法律关系的内容体现国家意志性，这是经济法律关系区别于以民事法律关系为代表的反映私法属性的各种法律关系的主要方面。经济法律关系的这一特征，是由经济法作为国家干预与调节经济之法的这一基本属性所决定的，也是由经济法所调整的经济关系的性质决定的。在通过宏观调控法所形成的经济法律关系中，经济法律关系的内容直接反映国家(或政府)的意志，而且其内容具有强制性和不可任意更改性。在通过市场规制法所形成的经济法律关系中，某些法律关系虽然表现出了私法的形式，但其内容依然没有脱离国家(或政府)的意志，仍然直接或间接地体现着国家的经济政策。

总之，经济法律关系作为法律关系的一种具体表现形式，它既有着与其他类型的法律关系相同的法律属性和普遍性的特点，也应该具有自身独特的理论品质。这就要求我们在认识和分析经济法律关系时，既不能脱离法律关系理论的一般原理，又不能简单照搬或套用其他法律关系，特别是体现私法属性的民事法律关系的理论和框架，而应该针对经济法的具体特点，构建对经济法律问题具有独特解释力的经济法律关系理论体系。

第二节　经济法律关系的构成要素

经济法律关系与其他法律关系一样，都是由主体、内容和客体三个基本要素构成。由于经济法律关系是法律关系一种具体表现形式，因此，经济法律关系的三要素在形式和内容上与其他法律关系有许多共性的方面。但经济法律关系毕竟是一种特殊的法律关系，因此，它的构成要素必然有着不同于其他法律关系的特殊的地方。

一、经济法律关系的主体

（一）经济法律关系主体的概念

经济法律关系的主体就是经济法律关系的参加者。即参加经济法律关系，依法享有经济权利和承担经济义务的当事人。

在一个具体的经济法律关系中，最少有两个方面的主体，享有经济权利的一方称为权利主体，承担经济义务的一方称为义务主体。由于在经济活动当中，参加经济法律关系的主体在享有经济权利的同时也要承担相应的经济义务，所以，权利主体和义务主体都是一个相对的概念，权利主体同时也是义务主体。也就是说，当某一个经济法律关系的主体享有经济权利的时候，针对它享有的经济权利，我们称它为权利主体，而当该经济法律关系的主体承担经济义务的时候，针对它承担的经济义务，我们称它为义务主体。有学者在其著述当中提出，在经济法律关系当中，某些主体拥有绝对的经济权利，某些主体承担绝对的经济义务，因此，就有绝对的权利主体和绝对的义务主体的区别，这种认识是不够全面的。比如，在税收法律关系中，税务机关作为经济法律关系主体的一方，享有依法征税的权利，纳税义务人作为经济法律关系的一方，承担依法纳税的义务。从形式上看，双方当事人的经济权利和经济义务似乎是绝对的，即税务机关拥有绝对的征税权利，纳税义务人承担绝对的纳税义务。但现实的情况是，税务机关在拥有征税权利的同时，也要履行法定的义务，主要是依法行使职权的义务，包括照章征税、接受相对人监督等义务。纳税义务人在履行纳税义务的同时，也享有一定的权利，包括照章纳税、对税务机关的征税行为进行监督等。

（二）经济法律关系主体的种类

1. 国家机关。它是指从事国家管理和行使国家权力的机关。一般包括权力机关、行政机关、审判机关、检察机关和军事机关等。在这里，作为经济法律关系主体的主要指的是国家行政机关里行使经济管理职能的机构，如财政机关、税务机关、金融监督管理机关、工商行政管理机关、环境保护机关等等。由于经济法是体现国家干预和调节经济活动的法律，经济法制活动与政府经济职能的实现密切相关，因此，大量的经济法律关系都会发生在政府经济职能机构与其他相关主体之间，可以说，国家机关是经济法律关系最重要的主体。

2. 企业、事业单位和社会团体。企业是从事生产、流通与服务等经济活动的营利性组织，企业通过各种生产经营活动创造物质财富，提供满足社会公众物质和文化生活需要的产品服务，在市场经济中占有非常重要的地位。经济法所调整的经济关系绝大部分与企业相关，因此，企业是经济法律关系最为普遍的主体。

事业单位，是指国家为了社会公益目的，由国家机关举办或者其他组织利用国有资产举办的，从事教育、科技、文化、卫生等活动的社会服务组织。事业单位作为经济法律关系主体的情况也是比较普遍的，政府的许多职能要通过事业单位来得以实现。在现实中，许多经济法律关系与事业单位相关，比如在财政活动中，事业单位是财政资金的重要使用单位，它与财政机关形成财政资金的领拨关系，是财政法律关系的主体。在政府预算关系中，事业单位作为基本的预算单位要与其他相关政府预算主体发生预算关系，是政府预算法律关系的主体。在国有资产管理活动中，事业单位作为国有资产的占有和使用单位，与国有资产管理的职能部门（目前是财政部门）形成国有资产管理法律关系，是国有资产管理法律关系的主体。

社会团体，是指中国公民自愿组成，为实现会员共同意愿，按照其章程开展活动的非营利性社会组织。中国目前的社会团体都带有准官方性质。《社会团体登记管理条例》规定，成立社会团体必须提交业务主管部门的批准文件。业务主管部门是指县级以上各级人民政府有关部门及其授权的组织。社会团体实际上附属在业务主管部门之下。目前中国有全国性社会团体近 2000 个。其中使用行政编制或事业编制，由国家财政拨款的社会团体约 200 个。社会团体的这一性质和现状，使其成为财政法律关系和政府预算法律关系的主体。

3. 公民（自然人）。这里的公民既指中国公民，也指居住在中国境内或在境内活动的外国公民和无国籍人。具有中华人民共和国国籍的中国公民能够成为经济法律关系的主体，外国公民和无国籍人也可以成为我国经济法律关系的主体。比如，根据《中华人民共和国个人所得税法》的规定，凡在中华人民共和国境内有住所，或者无住所而在境内居住满一年的个人，是中国的居民纳税人，其全球所得都要向中国政府缴纳个人所得税；在中国境内无住所，又不居住，或者无住所，而在境内居住不满一年的个人，达到中国税法规定的纳税标准，是中国非居民纳税人，只就其来源于中国境内的所得，向中国政府缴纳个人所得税。在这里，公民成为我国税收法律关系的主体。另外，公民基于购买公债可以成为公债法律关系的主体，公民基于社会保障可以成为有关社会保障法律关系的主体等。

个体工商户、农村承包经营户作为一种公民集合的特殊形式，也是我国经济法律关系主体的重要类型。个体工商户，是指有经营能力并依照《个体工商户条例》的规定经工商行政管理部门登记，从事工商业经营的公民。个体工商户依法从事生产经营活动，并按照国家的法律照章纳税，服从工商行政管理，他们可以成为税收法律关系和有关经济管理法律关系的主体。农村承包经营户，是指农村劳动群众集体经济组织的成员，在法律允许的范围内，依照承包合同承包经营集体所有或者国家所有而由集体使用的土地或者集体的其他财产的家庭或个人。在2006年我国农业税取消之前，农村承包经营户是农业税的纳税人，是税收法律关系的主体。目前，农村承包经营户仍然是某些特定经济法律关系的主体，比如，按照我国有关法律和政策的规定，农村土地承包经营权可以依法流转，中共十八届三中全会通过的《中共中央关于全面深化改革若干重大问题的决定》，更是把鼓励土地承包经营权流转作为加快构建新型农业经营体系的重要举措。一些地方政府配合国家政策，提出了对土地承包经营权流转的财政专项补贴办法。这样，农村承包经营户在参与承包经营权流转时，基于政府的财政补贴而成为财政法律关系的主体。另外，农村承包经营户还可以享有良种补贴、粮食直补，农机具补贴、对农业生产资料价格进行的综合补贴等。在这些活动中，他们也是财政法律关系的主体。

4.企业内部的机构和有关人员。在以往的经济法学论著里，大都不认为企业内部的机构和人员是经济法律关系的主体，主要原因是认为这些机构和人员不能以自己的名义独立对外开展经济活动。杨紫烜、徐杰教授在他们的著作里肯定了企业内部的机构和有关人员作为经济法律关系主体的地位，①我认为这一主张是有意义的。

企业内部的机构和有关人员能否成为经济法律关系的主体，关键是要看国家或政府经济权力能否对企业内部经济活动产生实质性的影响。我们知道，企业关系包括了企业外部关系和企业内部关系两个方面，企业外部关系主要是指企业与政府的关系以及企业与其它相对人的关系，企业内部关系主要是企业内部机构和有关人员相互之间的关系。从企业外部关系来看，国家或政府的经济权力对企业的影响是毋庸置疑的，这从国家税收关系以及其他经济管理关系中可以得到充分体现。但从企业内部关系来看，国家或政府经济权力能否影响到企业内部经济活动，情况较为复杂。就国有企业以外的其他企业而言，由于产权明晰，国家或政府经济权力一般不介入企业内部的经营活动，只是通过企业财务会计制度、审计制度对企业内部经济活动产生间接影响。而就国有企业而言，由于国家是其财产的所有者，国家或政府权力对企业内部经济活动的影响不可避免。在计划经济体制下，

---

① 杨紫烜，徐杰．经济法学：第2版[M]．北京：北京大学出版社，1997.

国家或政府的经济权力对企业内部经济活动的影响是广泛的、直接的。在市场经济体制下,实行现代企业制度,理论上要求企业作为独立法人依法自主经营。但在现行制度和体制之下,企业内部治理无不渗透着国家或政府干预的因素,从企业领导者的选任,到企业内部薪酬标准的确定,甚或是企业重大经营决策的做出,都不能脱离政府经济权力的影响。由于企业内部经济活动还是在国家或政府经济权力的制约和影响下运行,所以,参与企业内部经济活动的机构和人员成为经济法律关系的主体仍然具有现实的制度基础。

当然,从社会主义市场经济发展的趋势来看,走与市场经济高度融合的道路是国有企业发展的必然选择。中共十八届三中全会通过的《中共中央关于全面深化改革若干重大问题的决定》,对推动国有企业完善现代企业制度做出了具体的部署。我们可以相信,随着企业改革的不断深化和国有企业内部治理结构的不断完善,与企业内部经济活动相关的经济法律关系主体结构也必将发生重大变化。

5. 国家。经济法是体现国家干预和调节经济的法律,但国家一般并不直接参与经济过程,国家对经济活动的干预和调节主要是通过国家机关(主要是行政机关)来实现的。所以,直接体现国家干预和调节经济活动的经济法律关系一般都发生在国家机关和其他有关主体之间。国家只在特殊情况下成为经济法律关系的主体。比如,国家因发行公债而以债务人的身份成为公债法律关系的主体。在国有资产管理法律制度中,国家作为国有资产的所有者,与代表国家行使所有权和履行出资人资格、享有出资人权益的各级政府之间,与占有和使用国有资产的国有企业、行政事业单位之间,由于国有资产的管理而形成不同层次的经济法律关系。

二、经济法律关系的内容

经济法律关系的内容,是经济法律关系主体依法享有的经济权利和应承担的经济义务。

何谓经济权利和经济义务,学者们在其著述中有不同的表述,对其含义也有不同的认识。其所以存在此种情况,一方面是由于权利和义务本身就是包含多种要素、具有丰富内容的概念,人们可以从任何一个要素或层面出发去理解权利和义务。[①] 另一方面是由于经济权利和经济义务作为一般性权利和义务的一种具体表现形态,它所呈现出来的内容和形式上的特殊性和复杂性。我们不能祈求对经济权利和经济义务做出一个绝对的和被普遍认可的定义,事实上这也是不可能的。但我们仍然可以从操作的层面,从经济法律关系作为一种实证分析工具的视角,对经济权利和经济义务的概念及其含义做出界定。

---

① 张文显. 法理学[M]. 北京:高等教育出版社,1999.

(一)经济权利

经济权利,是指经济法律关系的权利主体依法具有的自己为一定的行为或不为一定的行为和要求他人为一定的行为或不为一定的行为的可能性。

经济权利的这一概念包含了以下几个层次的基本含义:

1. 经济法律关系的权利主体可以依法做出一定的行为或不做出一定的行为。

首先,经济法律关系的权利主体有依法做出一定行为的权利。这是经济权利的一项基本内容,也是经济法律关系权利主体的其他经济权利得以发生和存在的基础和前提。权利主体的种类不同,其经济权利的内容自然也就不同。比如,国家机关,以及法律、法规授权的组织,是管理主体,它们可以根据自己所承担的经济职责,行使各种经济职权,从事各种经济调控和经济管理等活动。企业是典型的经营主体,它可以在自己的经营范围内从事经济法所调整的各种经济活动。

其次,经济法律关系的权利主体有依法不做出一定的行为的权利。这是权利主体经济权利的一种特殊的形式,它是主体通过抑制自己一定的行为来保护自己的利益。比如,企业拒绝不法干预,抵制摊派等。

2. 经济法律关系的权利主体可以要求义务主体为一定的行为或不为一定的行为。

在一个具体的经济法律关系中,经济权利和经济义务具有对应关系,权利主体的经济权利往往表现为义务主体的经济义务,反之亦然。这样以来,权利主体经济权利的实现,就有赖于义务主体经济义务的履行,要求义务主体履行经济义务也就自然地成为权利主体的重要经济权利。在经济法制实践中,义务主体的经济义务一般表现为作为的义务和不作为的义务两种形式,因此,权利主体的经济权利也就相应的表现为两个具体的方面,即对义务主体为一定行为的要求和不为一定行为的要求。

3. 权利主体的经济权利因义务主体的行为而不能实现时,可以要求国家机关加以保护。

经济权利和经济义务相互之间的对应关系表明,权利主体经济权利的实现是以义务主体履行经济义务为条件的,如果义务主体不履行或不适当履行其经济义务,权利主体经济权利的实现就受到影响。因此,当义务主体不履行或不适当履行其经济义务从而造成权利主体经济权利不能有效实现的后果时,权利主体就享有要求国家加以保护的权利。

经济权利有应然和实然两种状态,只有义务主体切实履行了经济义务,权利主体的经济权利才能有效实现。正是基于这样的原因,我们把权利主体的经济权利表述为一种"可能性"。

权利主体的经济权利有以下具体的内容:

1.经济职权。它是指国家机关行使经济管理职能时依法享有的权利。经济职权具有以下主要的特点：

第一，经济职权的主体是国家机关。国家机关可以自己行使经济职权，也可以依法授权其他单位行使其经济职权，被授权的单位因国家机关的授权而成为经济职权的主体。除国家机关和经授权的单位外，其他任何单位和个人都不能成为经济职权的主体。

第二，经济职权具有命令与服从的性质。经济职权是强制性权力，国家机关或其授权单位行使经济职权时，其相对人必须服从。

第三，经济职权对国家机关及其授权单位而言，既是权利也是责任。权利主体不得随意放弃或转让经济职权。

经济职权的内容包括：经济决策权，资源配置权，经济许可权，经济调节权，经济监督权、经济处罚权等。

2.财产所有权。它是指所有人依法对自己的财产享有占有、使用、收益和处分的权利。所有权是所有制在法律上的表现，有什么样的所有制形式，就有什么样的所有权类型。经济法对所有权关系的保护有特定的内容和方法，“按照大陆法系的传统，静态地规定抽象的所有和所有权保护的一般原则、方法等是民法的任务。由经济法的性质所决定，它所关注的是动态的所有权内在的经济性管理和对所有权的职能或权能的社会化。”①经济法对所有权的保护，不仅体现在反映公有制的国家所有权和集体所有权方面，也体现在私人所有权的方面。

国家所有权是全民所有制在法律上的表现，是国家对全民所有的财产享有占有、使用、收益和处分的权利。中华人民共和国是国家所有权的唯一的和统一的主体，国家财产所有权的行使实行“统一领导，分级管理”的原则，国务院代表国家行使国家所有权。在我国现阶段，加强对国家所有权的保护是我国基本经济制度的现实要求。国家所有权直接体现国家意志，是国家对国民经济进行宏观调控，实现组织经济职能的重要基础。在国家所有权行使过程中，国家以财产所有者的身份与其他主体形成所有权法律关系，而国家所有权作为一项财产权利成为权利主体经济权利的重要内容。

企业经营权是由国家所有权派生的一项重要的财产权类型。按照所有权与经营权可以适当分离的理论，国有企业对国家授予它经营管理的财产依法享有经营权，受法律保护。国有企业享有的经营权的具体内容由法律做出规定。国有企业属于全民所有，它是推进国家现代化、保障人民共同利益的重要力量。目前，我国的国有企业总体上已经同市场经济相融合，必须适应市场化、国际化的新形势，以

---

①　史际春，邓峰.经济法总论：第2版[M].北京：法律出版社，2008.

规范经营决策、资产保值增值、公平参与竞争、提高企业效率、增强企业活力、承担社会责任为重点，进一步深化国有企业改革，推动国有企业完善现代企业制度。目前，没有进行公司化改制的国有企业，其享有的财产权中物权性的权利，性质仍然是经营权。对于已经完成公司化改制的国有企业以及国家投资设立的国有独资公司，依法由各级政府代表国家享有股东权，履行出资人职责，享有所有者权益；企业则对国家所投入的财产享有法人财产权，本质上即为法人所有权。

集体所有权是集体所有制在法律上的表现，是劳动群众集体组织对其财产享有的占有、使用、收益和处分的权利。集体所有权的主体主要是农村集体组织，也包括城镇集体企业和合作社集体组织。劳动群众集体所有制是我国社会主义公有制的重要组成部分。集体组织所有权对集体所有制起着巩固和保护的作用，在我国财产所有权制度中居于重要地位。在计划经济体制下，国家权力对集体经济产生全面影响，政府对集体经济组织进行直接的控制和管理，严重阻碍了集体所有制经济的发展。在社会主义市场经济条件下，保证集体经济组织的独立性和自主性成为经济法的重要任务。

私人所有权是指私人依法对其合法取得的不动产和动产享有占有、使用、收益、处分的权利。这里的“私人”是与国家、集体相对应的物权主体，不但包括我国公民，也包括在我国合法取得财产的外国人和无国籍人。不仅包括自然人，也包括个人独资企业、个人合伙企业等非公有制企业。由于私人所有权的性质和特点，传统理论一直认为保护私人所有权是民法的任务。但现实的情况是，经济法对私人所有权的影响广泛而深远。比如，国家为了实现社会公平，以财政和税收手段进行收入分配调节是现代社会经济发展中的普遍现象。国家通过税收方式对私人财产和收入的分配，就是政治权力凌驾于所有权之上的一种强制性的征收。同时，国家按照“取之于民，用之于民”的社会主义财政原则，又通过财政方式使私人享受到政府提供的各种公共福利和其他公共物品。另外，所有权社会化的潮流也会为经济法对私人所有权作用的范围和方式产生影响。

3.请求权。它是指经济法律关系权利主体的合法权利受到侵犯时依法享有要求侵权人停止侵权行为和要求有关国家机关保护其合法权益的权利。[①] 这里的请求权是一个概括性的表述，它与民法学上使用的请求权有不同的含义。请求权的具体内容主要有：要求赔偿权、请求调解权、申请仲裁权、经济诉讼权以及其他请求权。

（二）经济义务

经济义务，是指经济法律关系的义务主体依法为一定的行为或不为一定行为

---

① 杨紫烜，徐杰.经济法学：第2版[M].北京：北京大学出版社，1997.

的必要性。

经济义务的这一概念包含了以下几个层次的基本含义：

1.经济法律关系的义务主体必须依法为一定的行为或不为一定的行为，以保证权利主体经济权利的实现。

义务主体必须按规定履行其应负的经济义务。义务主体的经济义务有作为的义务和不作为的经济义务两个方面。

2.经济法律关系的义务主体应自觉履行经济义务，如果不履行或不适当履行就应受到法律制裁。

义务主体的经济义务有以下具体的内容：

1.贯彻执行国家的方针和政策，遵守国家的法律和法规的义务。这是经济法律关系义务主体的一项基本义务。在国民经济发展过程中，国家对经济的干预和调节首先是通过制定经济方针和经济政策的方式来实现，而这些经济方针和经济政策必然又会通过具体的经济法律关系反映出来。比如，国家一定时期的财政政策和货币政策，必然会体现在具体的财政法律关系和金融法律关系当中，并通过这些具体的经济法律关系得到现实。因此，切实贯彻国家的方针政策是经济法律关系义务主体的基本义务。国家的法律和法规是经济法律关系产生和存在的前提，认真遵守国家的法律和法规当然是经济法律关系义务主体的基本义务。

义务主体的此项经济义务，会因为国家的方针政策以及法律法规内容的不同要求而有所不同，有些经济义务会表现为强制性的义务，有些经济义务会表现为倡导性的经济义务。

2.正确行使经济权利的义务。对于管理主体而言，正确行使经济权利，首先是要避免经济职权的滥用，每一项经济职权的行使都必须有明确的授权，真正做到“法无授权不可为”。同时要注意经济职权行使的边界。其次是要防止经济职权使用方面的不作为，包括不能放弃或转让经济权利。

对于其他经济法律关系主体而言，正确行使经济权利也有多项内容，比如，不能借口行使所有权而损害国家利益、社会公共利益和其他人的合法权益，不能滥用请求权等。

3.其他经济义务。比如，完成国家指令性计划和指导性计划的义务，依法纳税的义务，全面履行经济协议的义务等。

三、经济法律关系的客体

（一）经济法律关系客体的概念

经济法律关系的客体，是指经济法律关系主体的经济权利和经济义务所指向的对象。这是我们对经济法律关系客体概念的一个概括性的归纳。

传统法律关系理论认为，一个经济法律关系只能有一个客体。但我们在分析具体经济法律关系的时候发现情况并不是那么简单。如果把法律关系的客体理解为法律关系主体的权利和义务指向的对象，那么这个对象往往会有多种多样的表现。比如，在税收法律关系中，作为法律关系主体的税务机关和纳税单位，它们的经济权利和经济义务指向的既是税务机关的征税行为，也是纳税单位依法缴纳税款的纳税行为，当然也可以把两者综合起来理解为是以税务机关的职权行为为主导的税收征纳行为。

当然，我们也可以设想把法律关系的客体与法律关系主体所追求的目标、目的或利益联系起来，以此来确定法律关系的客体。但这也有同样问题的存在。因为，在大部分的法律关系中，法律关系的主体双方通过法律关系追求的目标并不一致。即就是同一个主体，在相同类型法律关系中的目标追求也不尽相同。比如，在税收法律关系中，税务机关作为法律关系主体，它通过税收法律关系所要实现的目标也是不相同的，可能是为了实现财政目标，也可能是为了实现经济目标，财政目标主要是组织财政收入，经济目标则主要是调节经济。在实现财政目标的时候，税款的征纳可以看作是税收法律关系的客体，在实现经济目标的时候，调控行为又可以看作是税收法律关系的客体。但在现实的税收法制中，许多税种的职能并不是单一的，往往是既有财政职能又有经济职能，这些又为我们以法律关系的主体所追求的目标来确定法律关系的客体带来了困难。

我认为在确定经济法律关系客体的时候，考虑经济法律关系主体的目标追求是有一定意义的，因为经济法本身就具有政策工具性特点，主体(主要指履行政府经济职能的国家机关主体)的目标追求对经济法律关系的影响是全面而深刻的。当然，一个具体的经济法律关系究竟可以有几个客体，这些客体应依据什么来确定，还需要进一步的研究。

(二)经济法律关系客体的种类

1.物。法律意义上的物是指人们可以控制的，而又具有一定经济价值的物质财富。它可以是自然生成的天然之物，也可以是人类创造的生产之物。

法律意义上的物不管是以什么形式存在，都应该具有以下两个方面的基本特性：一是可以为人们所控制。只有能为人们所控制的物，才能作为经济活动的基本要素进入生产领域和流通领域，从而成为经济法律关系的客体。二是必须具有一定的经济价值。具有经济价值之物也就是能够对法律关系主体产生效用之物，不能对法律关系主体产生效用的物，不是法律意义上的物。

广义的物还包括以下几个方面的内容：(1)由物所转化的能量；(2)固定充当一般等价物的货币；(3)有价证券。

物可以从不同的角度，按照不同的依据进行分类。在经济法律关系中具有重要意义的物的分类主要有:(1)生产资料和生活资料;(2)固定资产和流动资金;(3)流转物与限制流转物;(4)国有资产和非国有资产,等等。当然,在这些物的基本分类之下,还可以有一些具体的分类。比如,国有资产就可以分为经营性国有资产、非经营性国有资产和资源性国有资产三种类型。法律上对物进行分类,主要是强调其分类的法律意义。

2. 行为。它是指经济法律关系的主体为实现其经济权利和经济义务所从事的活动。行为主要包括管理活动、劳务和工作等几个方面。

管理活动是行为的重要形式。它主要指的是国家机关的经济职权行为。由于经济法律关系主要是由国家机关的经济职权所产生,所以,大量的经济法律关系客体表现为国家机关的管理活动。管理活动作为经济法律关系的客体是有边界的。特别是在中国特色社会主义市场经济条件下,随着政府职能的转变,政府权力受到了普遍的约束。成为经济法律关系客体的政府管理行为,必须是有法律依据,经过授权的管理活动。

劳务和工作作为经济法律关系客体的情况也是十分普遍的。比如,在现代市场经济条件下,推广政府购买服务,凡属事务性管理服务,原则上都引入竞争机制,通过合同、委托等方式向社会购买。在此类经济法律关系中,劳务和工作成为法律关系的客体。

3. 智力成果。它是指人们脑力劳动所创造的非物质财富。主要包括专利权、商标权、专有技术等。智力成果作为经济法律关系客体的情况也很普遍,比如,在国有资产当中,非物质财富是国有资产的重要组成部分,所以,在国有资产的产权界定、产权评估、产权转让等法律关系中,这些非物质财富成为经济法律关系的重要客体。

4. 经济信息。经济信息是反映社会经济活动发生、变化等基本情况的各种消息、数据、情报和资料的总称。[①] 目前,社会已经进入了信息化的时代,经济信息作为一种经济资源在经济活动当中发挥着越来越重要的作用。在政府对经济信息的管理活动中,经济信息成为经济法律关系的客体。

第三节 经济法律关系的运行

一、经济法律关系的产生、变更与消灭

经济法律关系的产生、变更和消灭,是经济法律关系运行过程中的三种状态。

---

① 李昌麒,卢代富. 经济法学[M]. 厦门:厦门大学出版社,2010.

经济法律关系的产生，就是经济法律关系主体之间形成某种经济权利和经济义务的联系。经济法律关系的变更，就是经济法律关系要素的改变。经济法律关系的消灭，就是经济法律关系主体经济权利和经济义务的终止。

二、经济法律事实

（一）经济法律事实的含义

经济法律事实，是指能够引起经济法律关系产生、变更和消灭的客观情况。如前所述，经济法律关系的存在总是以相应的现行经济法律规范的存在为前提，但是，仅有经济法律规范的存在并不能够必然的出现经济法律关系，当然也就不可能存在经济法律关系的变更和消灭的问题。经济法律事实是法律规范和法律关系联系的中介。

经济法律事实应当具备两个基本的条件：

1. 经济法律事实必须是由经济法律规范规定的客观情况。这里有两层含义：首先，作为经济法律事实的客观情况，不同于一般的客观情况，它必须是法律规定的客观情况。否则，它便不是法律事实，更不是经济法律事实。其次，经济法律事实是由经济法律规范规定的法律事实。否则它便不是经济法律事实，而是其他法律事实。

2. 经济法律事实必须是能够产生法律后果的客观情况。“客观情况”作为一种现实存在，它的出现如果不能产生任何法律后果，它就不成为法律事实。这里所谓能够产生一定的法律后果，就是指能够引起经济法律关系的产生、变更和消灭。

（二）经济法律事实的分类

根据是否以当事人的意志为转移，把经济法律事实分为事件和行为两大类。

1. 事件。它是指不以当事人的主观意志为转移，能够引起经济法律关系发生、变更和消灭的客观情况。事件包括两种类型：一是自然现象，如地震、水灾、火灾等；二是社会现象，如战争、军事行动等。

2. 行为。它是指人们有意识的活动，即由当事人的主观意志决定的经济法律事实。行为以其性质的不同，可以分为合法行为和违法行为两大类。合法行为是符合法律规定的行为，它能够引起经济法律关系的产生、变更和消灭。在全部经济法律关系的产生、变更和消灭的过程中，多数是由合法行为引起的。违法行为是违反法律规定的行为，它也可以引起经济法律关系的产生、变更和消灭。

第六章　经济法的价值

第一节　经济法价值概述

一、经济法价值的概念

（一）法的价值的一般涵义

法的价值是从西方法学移植而来的概念。在我国，关于法的价值问题的研究是20世纪80年代初才逐渐开始的。目前，此问题已经成为法学理论研究的主要论题之一。

在哲学上，“价值”是人类生活中的一种普遍的主客体关系，即客体的存在、作用和发展变化同主体需要、发展的关系。这种关系就是某种肯定、适合的价值关系。在价值关系中，主体是人（可分别理解为整体的人类、某一时代的不同社会群体或集团、各别社会成员），客体是外界事物。价值就是客体能够满足主体的一定需要，通俗地讲，就是外界事物的功能和属性对人们的有用性或有益性。价值产生于人类的实践活动，价值是主体和客体互相作用的结晶，这种相互作用具体表现为人们的实践活动。①

法的价值是法律现象与一定社会主体对法律的需要之间的关系的范畴。这就是法律的存在及其属性、功能、内在机制等和人们对法律的要求或需求的关系，这种关系通过人们的法律实践活动显现出来。

法的价值包含了以下三个方面的内容：

1. 法律的存在状况。法律现象的存在状况是法律具有价值属性的客观条件。法律的存在状况，是反映法律的存在及其属性、功能、内在机制等的综合体。首先，只有法律的存在，才有法的价值的问题，如果法律现象不存在，就无所谓法的价值。其次，法律的属性和功能是法律价值的基础，法律只有具备了某种属性和功能，才有可能满足主体的某种需要，也才能形成价值问题。再次，法律的内在机制是反映法律价值的重要内容，是评价法律价值的重要因素。法律价值的大与小，好与坏，

---

① 卢云．法学基础理论[M]．北京：中国政法大学出版社，1994．

往往受到法律内在机制的影响和制约。

2.主体对法律的需求。人作为主体对法律的需求,是法的价值存在的主观条件。法律现象其所以有价值,就是因为它能满足人的需求,如果人们对法律没有需求,法律现象即使存在,也无价值可言。在人类社会发展过程中,人们根据社会的需要创设了法律,法律又以其特有的属性和功能满足人们的需求,法律的价值就是在这种需要和满足的过程中显现出来。这时的法律已不仅仅是一种简单的和孤立的存在,而是体现为对主体具有某种效用或有用性的关系范畴。

3.法律实践活动。法律作为一种社会现象存在于社会之中,同时人们在社会发展中对法律也有一定的需求。但法律不可能自发地去调整社会关系,并对主体产生效用,从而满足人们对法律的需求。那么,是什么把二者联结在一起呢?只有法律实践活动。正是法律实践活动使法律现象对主体发生效用,使人们对法律的需求得以满足。法律实践活动是人们自觉地和有意识、有目的的活动,它既包括对法律的适用、执行和遵守,也包括对法律的创设活动。法律实践活动作为法律现象与人们对法律需求之间的桥梁和媒介,成为法律价值的重要条件。

法的价值作为一个关系范畴,是以主体为主导的,这不仅在于法律是人的创造物,本身涉及人类活动的动机、目的和需要,而且在于法的价值问题包摄了“人的需要”的确定及其评价等①。

法的价值产生和存在的基础,归根结底是社会的生产方式。一方面,法律价值的存在及其实现方式,受到一定时期生产力发展水平的影响和制约。另一方面,法的价值的内容由一定社会的生产关系的性质来决定。法的阶级性使法的价值关系具有了特殊的意涵。法的发展历史表明,在法的价值关系中,所谓“主体对法律的需求”,始终反映的是一定时期统治阶级的需求。“法律对主体需求的满足”,也始终反映的是对一定时期统治阶级需求的满足。因此,法的价值既是历史的范畴,也是阶级的范畴。一定社会的生产方式是法律价值的现实基础。

当然,由于不同立场和不同观点的学者对法律现象本质的认识不同,他们对法的价值及其涵义的认识也就不同,这也就形成了关于法的价值概念理解上的多元化倾向。

(二)经济法价值的概念及其含义

通过对法的价值一般涵义的分析,我们可以据此对经济价值的概念做出如下的概括:即经济法的价值是经济法现象与一定社会主体对经济法的需要之间的关系的范畴。这就是经济法的存在及其属性、功能、内在机制等和人们对经济法的要

① 卢云.法学基础理论[M].北京:中国政法大学出版社,1994.

求或需求的关系，这种关系通过人们的经济法律实践活动显现出来。

经济法的价值同样包括以下几个方面的内容：即经济法的存在状况、主体对经济法的需求，以及把经济法的存在与主体对经济法的需求联结起来的经济法律实践活动。

法的价值的一般涵义，也为我们认识和理解经济法价值的概念及其含义，把握经济法价值研究的方向，提供了重要的启示：

1. 关于经济法价值的研究，首先必须关注经济法的存在状况。经济法的存在以及属性、功能、内在机制等，是经济法价值存在的基本条件，因此，我们研究经济法价值问题，必须首先对经济法的存在状况做出准确而全面的把握。经济法的存在状况是由经济关系的发展状况决定的。经济关系的性质和内容决定了经济法的性质和内容，经济关系的存在方式决定了经济法具体的存在方式。同时，经济法与国家经济职能密切相关，国家经济政策的变动会对经济法的存在方式产生直接的影响。我们只有深刻认识不同历史时期经济法的现实特点，了解不同社会经济条件下经济法在属性、功能及其内在机制方面的具体表现，掌握经济法发展变化的历史规律，才能对不同时期经济法的价值做出准确的把握。

2. 关于经济法价值的研究，必须把握主体对经济法的需求情况。主体对经济法的需求是经济法价值存在的另外一个基本条件。人作为主体，根据自身的需要创造出了经济法现象。同时人们又通过"废、改、立"等方式不断地对经济法现象进行改造，使其与人的需求相契合。在这里，人的需求成为经济法价值存在的决定性的因素。因此，我们研究经济法的价值问题，必须把人对经济法的需求作为一个基本的关注点。由于经济发展具有历史阶段性，有时还会呈现出周期性波动等特点，这就使得人们对经济法的需求也表现出一定的阶段性和层次性。这也就要求我们必须用历史的眼光和发展的观点去观察和认识经济法的价值问题。另外，"人的需要"始终脱离不了具体的社会政治制度和社会经济环境，所以，这种"需求"必然打上社会制度和阶级的烙印，受到社会意识形态的广泛影响。

3. 关于经济法价值的研究，必须对经济法律的实践活动进行全面考察。经济法的价值是通过经济法律的实践活动来实现的，所以，对经济法律实践活动的考察是我们研究经济法价值问题的重要环节和基本内容。随着经济的发展，人们对经济法律的需求不断增长，如何通过经济法律实践活动创设出完善的经济法律，并通过对这些经济法律的适用、执行和遵守来满足主体的需求，是经济法律实践活动的重要任务，也是我们研究经济法价值所要面对的现实课题。

二、经济法价值的特性

经济法价值的特性，是经济法的价值区别于其他法律部门和法律现象的特有的性质，是经济法价值所具有的特殊的品质和品性。经济法作为一国法律体系的重要组成部分，它与其他法律部门和法律现象有着许多共同的和普遍性的价值追求和价值表现。但经济法作为特殊的法律规范，也有着区别于其他法律部门和法律现象的特殊价值。

第一，经济法的价值具有鲜明的经济性。经济法价值的这种经济性特质，反映在经济法价值关系的各个要素当中。首先，作为价值关系客体的经济法律，是具有完全的经济属性的法律规范。它以特定的经济关系作为调整对象，以经济的协调稳定发展为基本目标，以维护市场经济秩序，调控经济总量平衡作为中心任务。其次，作为价值关系主体的人的需求，也是以经济为内容的，表现为一种经济需求。再次，经济法价值的实现过程，既要遵循法律的逻辑，也要符合经济的逻辑，充分尊重经济规律。

第二，经济法的价值具有典型的社会性。经济法价值的社会性特质，我们可以从两个方面去理解。首先，经济法本身就是具有社会法属性的法律部门。在西方国家，经济法自产生之初，其社会法的性质便得以确认。日本学者丹宗昭信、厚谷襄儿就曾指出："经济法的性质既不属于传统公法，也不属于传统私法的范畴，而是带有两种法律的混合形态特征的法。经济法这个新的法律部门已经处于社会法的一部分的地位。"①我国学者也基本上是从广义社会法的角度来认识经济法部门，把"经济法作为社会法中的一个重要组成部分。"强调经济法"具有社会法的基本属性。"②但我国学者对经济法具有社会法属性的原因和根据的理解，与西方学者(如丹宗昭信)有所不同。很多人不是以经济法所保护的法律主体"具有社会性"这一角度来认识经济法的社会法属性，而更多地是从经济法作为"维护社会总体利益"的"社会化立法"③的角度来认识经济法的社会法属性。尽管如此，关于经济法具有社会法属性的认识还是被普遍的接受。其次，经济法价值具有社会性的另外一个依据，就是在经济法价值关系中，主体的需求是具有社会性的经济内容。人们之所以对经济法有需求，就是想通过经济法来解决经济发展过程中业已产生的社会性的经济问题。总之，经济法作为社会本位的法律，以其典型的社会法属性，满足着人们的特殊利益需求。经济法的社会性特质也正是在这种需求与满足的关系中得以彰显。

第三，经济法的价值具有强烈的时代性。首先，经济法价值具有现代性特点，这是经济法价值时代性最基本的表现。经济法是现代法，经济法的价值中包含着

---

① 丹宗昭信，厚谷襄儿. 现代经济法入门[M]. 谢次昌，译. 北京：群众出版社，1985.

② 王全兴. 经济法基础理论专题研究[M]. 北京：中国检察出版社，2002.

③ 漆多俊. 经济法基础理论：第3版[M]. 武汉：武汉大学出版社，2000.

传统法律部门所不具有的现代性的精神和因素。传统私法以契约自由、私权神圣等为基本价值,注重对私人利益和个人自由的保护。传统公法强调政治国家与市民社会的分野,限制国家权力对市民社会的介入,维护社会自治。传统法律体系及其所体现的价值,是与传统市民社会的时代精神相一致的。“从 19 世纪末到 20 世纪资本主义经济的发展,使站在私人原则之上的资本主义社会经济的基础遭到崩溃。与此同时,为了重建失去自发性的资本主义,国家(行政)以各种公共目的的名义积极地介入市民社会。”①经济法正是在这一背景下产生的。经济法以其独特的价值,影响和改造着传统法律体系的结构,使社会性、公共目的性等成为市场法制的基本价值,而这种价值又是和现代市场经济发展的时代精神相一致的。其次,经济法价值的时代性,还表现在它与国家经济政策的互动性方面。也就是说,不同时代的经济政策,都会在经济法的价值当中得到迅速的反映。这也是经济法的政策工具性的充分体现。

第二节　经济法价值的内容

经济法作为法律体系当中一个独立的法律部门,它的价值是由整个法律体系的基本价值来决定的。一般法的价值都会在经济法部门当中得到体现,像自由、民主、公平、正义、平等、效率等这些法的一般价值,也都是经济法的重要价值。所不同的是,经济法体现这些价值的层次和意义有所不同。以下我们就经济法的几个重要价值作分析说明。

一、经济法与经济自由

(一)经济自由的涵义

关于自由的涵义,是一个颇有争议的问题。“黑格尔、马克思对自由的了解与霍布斯、边沁、密尔对它的了解显然就有很大的差距。”②尽管如此,我们仍然可以在思想家的著作中找到一些关于自由问题的普遍性的认识,比如,关于自由与法律的关联问题,思想家们有着近乎一致的观点:即自由以法律作保障,自由受法律的限制。孟德斯鸠认为:“自由是做法律所许可的一切事情的权利;如果一个公民能够做法律禁止的事情,他就不再自由了,因为其他人也同样有这个权利。”③洛克指

① 丹宗昭信,厚谷襄儿. 现代经济法入门[M]. 谢次昌,译. 北京:群众出版社,1985.

② 石元康. 当代西方自由主义理论[M]. 上海:上海三联书店,2000.

③ 孟德斯鸠. 论法的精神:上册[M]. 张雁深,译. 北京:商务印书馆,1961.

出:“哪里没有法律,哪里就没有自由。”①马克思也指出:“自由就是从事一切对别人没有害处的活动的权利,每个人所能进行的对别人没有害处的活动的界限是由法律规定的,正像地界是由界标确定的一样。”②思想家们关于自由与法律相互关系的学说,为我们认识和分析法律的自由价值提供了重要的启示。根据这些理论以及自由与法律相关联的事实,我们可以形成以下两个基本的认识:一是自由是以法律为边界的;二是自由本身就是一种体现着法制意蕴的制度安排的结果。即自由的程度和范围由一定的制度环境所决定,法律可以设定和保障自由,亦可限制自由。以此理论出发,我们就可以对本节所研究的经济自由的涵义做出一个基本的界定:即,所谓经济自由就是市场主体做法律许可的一切事情的权利。它意味着市场主体在不侵害他人自由的前提下和范围内,使外界的强制和干预减到最小。③

从某种意义上讲,经济自由是以市场经济体制为基础的一种制度安排。市场经济的发展需要经济自由,因为只有充分的经济自由,才能保证市场经济的活力与效率。同时,市场经济又以经济自由为目标,因为市场经济的建立本身就是人们追求自由(包括经济自由)的结果。所以,经济自由对于市场经济而言,既是手段,又是目的。

那么市场经济中究竟包含着哪些经济自由,抑或是市场经济要求有什么样的经济自由呢?根据市场经济的理论与实践来看,市场经济条件下的经济自由主要有以下方面:

第一,是市场主体参与市场竞争的自由。现代经济学认为,竞争自由是在资源短缺的情况下,对资源进行合理有效配置的最佳手段。它遵循自己特有的规律,使资源朝着最有效率的方向流动。只要给市场主体以均等的机会,让所有的市场主体站在同一起点上参与竞争,市场规则不但会造就良好的经济秩序,而且会极大地促进社会生产力的发展,并在这一过程中实现自由的最大化。

第二,是契约自由。契约自由是市场主体进行市场行为的前提。它强调市场主体可以自主决定是否订立契约,与谁订立契约以及订立什么样的契约。它标明市场主体为了实现其自身利益最大化,能够以自己的独立意志参与市场过程,自愿让度商品,进行交易,并承担相应的后果责任。

第三,是经营自由。市场主体有权对自己所有或管理的资产进行自主经营,有权决定生产什么,生产多少以及如何生产,有权对产品的销售方式和利润水平等做出自主的选择。

---

① 洛克.政府论:下篇[M].叶启芳,瞿菊农,译.北京:商务印书馆,1964.

② 马克思恩格斯全集:第1卷[M].北京:人民出版社,1956.

③ 王全兴.经济法基础理论专题研究[M].北京:中国检察出版社,2002.

市场经济要求更多的经济自由，市场经济同时也成就了经济自由。但事物的发展往往具有两面性，市场经济发展的实践证明，过度的经济自由又会带来许多市场问题，甚至会造成市场经济发展的停滞，从而使经济发展丧失效率。同时，完全自由的市场经济发展到一定阶段还会引起社会财富分配两极分化，造成经济上的不平等。在这里，充分体现经济自由的市场经济转而噬食了人们的经济自由。因此，在市场经济的发展中，人们又在不断的寻求新的制度形式，来弥补自由市场经济的不足。

（二）经济法的经济自由价值及其实现

在市场经济的法制系统当中，民法是确立和维护经济自由的主要法律形式。民法对经济自由的追求是民法得以产生的原因，也是民法得以发展的基础。

从民法的规则体系和价值构造来看，民法对经济自由的确立和维护，不仅体现在其具体的规范系统当中，更集中地体现在它作为法律部门的一系列原则方面。在诸多原则中，意思自治原则是其核心和灵魂。民法的意思自治原则孕育于罗马法，但真正作为一项私法原则得以确立是18、19世纪以后的事情，是在“资产阶级革命取得成功并极力推行个人主义、自由主义的历史背景下产生的。”①就经济关系而言，意思自治观念当然地反映了资产阶级追求经济自由的强烈愿望。因此，它也就自然成为资产阶级“维护自由竞争的法原则。”②民法意思自治原则有其丰富的内容，在财产关系方面，意思自治原则的确立，“使人们能够自由处分其私有财产，自主决定参与经济活动，进而鼓励营业交易，促进贸易发达，优化资源配置，并可减少公权对经济关系的侵入。”③

法律制度，特别是经济（财产）法律制度总是与相应的经济制度和经济形式相联系。同样，法律所表达和阐述的法理念、法原则必然与当时的经济理论与经济思想密切相关，近代民法充分反映了自由市场经济的发展要求，成为资本主义自由竞争状态下的基本经济法律形式。民法的意思自治原则和理念，在某种意义上讲，成为亚当·斯密为代表的古典经济学的经济自由主义理论的法学诠释。

经济法作为调整市场经济关系的重要法律形式，当然也有维护经济自由的价值追求，特别是现代经济法，它仍然是“保障和实现经济自由的法律手段，”④在现代市场经济中，经济法的经济自由价值有多方面的体现，并且呈现出一定的层次性。首先，市场规制法作为经济法的主要组成部分，它在维护市场竞争秩序，保障

---

① 赵万一.民法的伦理分析[M].北京：法律出版社，2003.

② 梁彗星.民法总论[M].北京：法律出版社，2001.

③ 赵万一.民法的论理分析[M].北京：法律出版社，2003.

④ 史际春，邓峰.经济法总论：第2版[M].北京：法律出版社，2008.

经济自由方面发挥着重要作用。从某种意义上说,市场规制法是经济法体系当中体现经济自由价值最为直接、最为重要的法律形式。市场规制法的立法基础就是肯定市场机制的作用。市场规制法通过对微观经济主体(主要是企业)的不完全公正的市场交易行为进行直接的法律控制和干预,保护公平竞争,促进市场机制的有效运行。市场规制法的经济自由价值,正是在政府以干预方式依法维护市场竞争自由的过程中显现出来。其次,宏观调控法作为经济法的另外一个重要组成部分,它在保障经济自由方面有着特殊的作用。与市场规制法相比,宏观调控法对经济自由价值的体现并不那么直接。宏观调控法是以市场机制存在缺陷为立法基础的,宏观调控法的任务就是依法保障国家通过宏观调控手段对国民经济进行调节与控制,以弥补市场缺陷。从宏观调控法调整的对象和作用的范围来看,有些是市场机制不能发挥作用的领域,有些是市场过度自由而引发问题的领域,这些问题集中的表现为经济总量的失衡。由于宏观调控是在市场环境下进行的,市场经济体制是宏观调控和宏观调控法存在的前提和发挥作用的基础,宏观调控和宏观调控法的根本目标就是保障市场经济的有效运行,而市场经济是以经济自由为灵魂的。因此,宏观调控和宏观调控法始终要服从以经济自由为核心的市场经济的基本价值。

总之,经济自由是经济法的重要的价值。经济法作为体现国家干预的法,它对市场经济的干预并不是为了限制经济自由,“它应当为了自由而干预、限制,而不是通过干预而限制乃至扼杀经济自由。”①

二、经济法与经济民主

(一)经济民主的涵义

何谓经济民主,学者的著述当中有不同的理解。美国学者乔·萨托利认为:“经济民主所关心或反映的是财富的平等,因此,它的政策目标是重新分配财富并使经济机会与条件平等化。”有时经济民主也指“劳动者对经济的控制”即“经济和生产过程控制权的平等。”②另一美国学者科恩认为“经济民主是经济领域内的民主,当社会成员有权力选择他们所要追求的经济目标及达到这些目标的经济手段时,就算有了经济民主。”③日本学者金泽良雄认为,经济民主“是以经济机会均等和经济平等为理想的观点。”④我国学者王慎之认为,“所谓经济民主,不过是人们

---

① 史际春,邓峰.经济法总论:第2版[M].北京:法律出版社,2008.

② 乔·萨托利.民主新论[M].冯克利,阎克文,译.北京:东方出版社,1993.

③ 科恩.论民主[M].聂崇信,朱秀贤,译.北京:商务印书馆,1988.

④ 金泽良雄.经济法概论[M].满达人,译.兰州:甘肃人民出版社,1985.

在一定的经济关系中享有某种自主的权利，是人处于主人地位分享经济利益。”[①] 王保树教授认为，经济民主“是发生在经济领域的民主”，“是相对经济集中(包括经济管理的集中和市场上的集中)而言的，它强调的是企业法人和自然人的合法权利的保护”。[②]

给经济民主一个准确的定义似乎是很困难的。一般而言，经济民主是相对于经济专制而言的，它的基本涵义是指在充分尊重经济自由基础上的多数决定，以及经济平等理念下的财富共享。经济民主作为一个历史范畴，在不同的时期和不同的历史条件下有不同的内容。在市场经济条件下，经济民主最少应包括以下基本内容：

1. 经济主体的主人和主动地位。它是经济民主的基础和前提。一方面，它要求经济过程要以人为出发点和归宿，充分凸显人的主体性，在经济发展的每一个阶段和经济活动的每一个环节(生产、交换、分配和消费)都要体现以人为本的理念。另一方面，强调人在经济活动中的主动性，并能使人在经济活动中得到全面自由的发展。

2. 经济过程的广泛参与。它是经济民主的基本形式，也是经济民主得以实现的主要手段。它的基本内容包括：经济决策的公众参与、生产经营活动的民主化管理、消费领域的消费者主权等。

3. 经济成果(财富)的公平或平等分配。是经济民主的终极目标。它以人的“自然权利”为出发点，强调每一个人都有最终分享经济成果的权利。

(二)经济法的经济民主价值及其实现

经济法对经济民主的确立和维护，反映在经济法律规范体系的各个方面：

首先，在市场规制法方面。(1)通过反垄断立法，防止生产的集中和垄断，消解垄断组织据以控制市场的“经济力”，促进市场“公正而自由的竞争，”确保买卖双方经济机会的均等，“进而促进国民经济民主而健康地发展。”[③](2)通过消费者权益保护法律的制定和完善，扩张消费者主权，捍卫消费者权利。

其次，在宏观调控法方面，通过税收、补贴、社会保障等手段，调节财富分配，保障社会弱势群体，实现社会公平。

另外，在中国国有企业改革和国有资产的管理方面，也有体现经济民主的内容。(1)通过对企业法和公司法的修改和完善，改造传统企业和公司的构造，以股权分散化等形式，实现企业控制多元化。(2)完善企业民主化管理，强调职工参与，

---

① 王慎之. 经济民主论[J]. 新华文摘. 1987(12).

② 王保树. 市场经济与经济民主[J]. 中国法学，1994(2).

③ 丹宗昭信，厚谷襄儿. 现代经济法入门[M]. 谢次昌，译. 北京：群众出版社，1985.

保证决策和经营民主。

当前,在中国经济改革中积极推动国有资本、集体资本、非公有资本等交叉持股、相互融合的混合所有制经济,这种所有制经济形式和传统所有制经济形式相比,本身就体现着更多经济民主的成分。

在经济法的规则系统当中,对经济民主的价值体现是多方面的。但就其价值结构来看,总体上表现为两个层次:第一,经济法通过其特有的理念和方法,消解了市场经济中影响自由竞争的经济因素(如垄断等),"尽可能地通过促进维护公正而又自由的竞争,使其达到经济民主主义的理想"。[①] 第二,通过对经济过程的控制和收入分配的调节,实现最终的分配公平和经济平等。第一个层次的经济民主以效率为出发点,旨在维护市场竞争的自由与公正,它是经济民主的初始形态。第二个层次的经济民主以经济平等为出发点,旨在实现社会财富分配的最终公平,它是经济民主的高级形态。

三、经济法与经济正义

(一)经济正义的涵义

正义是法律追求的永恒价值。关于正义的涵义,不同的学者有不同的理解,不同的时期有不同的意义。西方学者最早提出了正义的问题,它们对正义一词的理解大体上有以下三个层次的意思:一是平等。这是古往今来对正义的一个共同理解和要求。从现代社会的观点看来,正义要求的平等应包含伦理上人格平等;政治上权利平等;经济上消除两极分化三方面含义。二是大公无私。即要求人们不损人利已,损公利私,相反,要求人们的行为能促进他人的幸福和人类的进步。三是合理。这是正义的最重要的含义。这里的"理"包括情理、公理和真理。所谓情理、公理,即人情事理或公认的道德,也就是一个社会公认的价值观念。所谓真理,即人对客观事物特别是社会事物的规律的正确反映。[②] 从一定意义上说,正义是人们对一种事物存在的合理性所作的一个价值判断。这一判断的得出,是以当时社会公认的价值观念为直接依据的,只有与公认的道德观念相一致的事物人们才会做出正义的结论。

正义是所有法律的共同价值。但不同的法律所要体现的正义的内容各不相同。法律对经济生活和经济关系的调整,必然要体现为一种对经济正义的追求。

经济正义是经济理论与市场实践发展中的一种理性要求。经济正义的含义如同正义的基本含义一样,在不同的社会条件下和不同的时期会有不同的理解。在

---

① 金泽良雄.经济法概论[M].满达人,译.兰州:甘肃人民出版社,1985.

② 严存生.论法与正义[M].西安:陕西人民出版社,1992.

市场经济条件下,经济正义包含了以下基本涵义:(1)经济发展的目的、目标和模式的合理与理性;(2)建立在理性基础上的经济活动过程的机会均等、规则公正、收入分配公平;(3)经济行为体现“经济人”与“伦理人”的统一,等等。

经济正义问题伴随着经济活动的全过程,不同的经济环节都蕴含着正义问题。生产、分配、交换、消费,都要符合正义的原则,都须渗透行为主体的正义追求。具体讲:(1)生产正义是经济正义的基础和起点,它强调生产目的的人民性,生产过程的民主性,生产发展的可持续性。(2)分配正义是经济正义的核心内容。分配正义要求合理解决经济发展中的效率与公平的关系问题。既要保证初次分配的公平(实现等量劳动获得等量报酬,等量资本获得等量利润),更要强调对初次分配不足的矫正,通过国家干预手段,在再分配阶段实现更高层次的社会公平。(3)交换正义是经济正义的基本形式,交换正义就是要遵守等价交换的原则,充分保证交换过程的平等和自愿。(4)消费正义是经济正义的重要环节,消费正义核心是强调合理消费,防止和克服畸形的消费观,抛弃“挥霍型消费”,“炫燿型消费”等肤浅化消费,倡导理性消费。

(二)经济法的经济正义价值及其实现

法律对经济关系的调整具有统一性,但近代以降,特别是19世纪20、30年代以来,资本主义周期性的经济波动和经济危机的爆发,以及由此所引发的严重的社会动荡,促发了资本主义国家法制体系的大调整。体现国家干预特点的经济法现象的产生和发展,使法律对经济生活和经济关系的调整表现出了明显的层次化。

尽管各种法律现象和业已形成的各种法律部门都以彰显经济正义为目标。然而各法律部门的传统和固有之原则使得不同法律部门在实现经济正义上,表现出了强烈的差异性。传统民法在保持私法基本特性的前提下,倡导“公法化”,以期通过自身体系和结构的完善应对经济关系的变化和社会思潮的变化。但从民法发展的轨迹来看,其基本原则和法律本位并未发生实质性的改变。实践表明,民法对经济正义的体现止于形式,是一种形式正义,而经济法对经济正义的体现及于实质,是一种实质正义。以下我们可以从民法和经济法在经济过程的四个环节中的作用来对此结论加以分析。

第一,在生产环节,民法较多关注生产的个体形式和私人性。“理性人”假设是其价值构造的前提。因此在民法框架内不能够有效克服生产的盲目性等问题。经济法以宏观经济为视角,可以对产业结构、生产总规模、总供给与总需求等问题进行全面的反映和调整,从而为防止诸如生产过剩等问题提供可能。保证生产发展的稳定性和持续性。

第二,在分配环节,民法仅强调等量劳动获得等量报酬,等量资本获得等量利润。实现了初次分配的公平。经济法在此环节更多的考虑到了经济主体的个体差异,以及经济竞争的环境因素,以人的权利平等的理念出发,强调运用国家之手通过再分配的形式,实现分配的最终公平。

第三,在交换环节,民法以契约自由原则的确立和维护体现经济正义的表征。这种正义其所以是形式正义,是因为它只关注了交换的形式过程,交换的初始动因是什么,交换的社会影响和社会后果如何,民法所确立的交换规则基本上不能反映。经济法以交换的原始动因为出发点,更加关注交换过程以及可能带来的社会影响。比如,通过反垄断法,可以对因垄断而产生的"被迫性交换"①进行规制。通过政府采购法,对特定契约的契约主体做出特别规定,避免交换过程可能出现的损害国家利益和社会公共利益现象的发生。

第四,在消费环节,民法强调"消费自由"。在民法的理念和规则系统里,消费完全是个人的事情,民法也能在其框架内给予消费者的消费自由以充分的保护。保护公民的消费自由当然重要,但过度的消费和不理性消费又会带来许多问题。因此,经济法通过价格、税收、利率等手段,以"国家之手"来调节和引导消费,克服消费的不理性。

在经济发展的过程中,民法所体现的形式正义和经济法所追求的实质正义,都有其历史的必然性和现实的合理性。民法在资本主义自由市场经济形成和发展中确立了其基本的原则和规则系统,其价值理念必然的与这种生产方式的理念相适应。在社会发展到社会化大生产条件下,生产方式的变化,特别是自由市场经济体制的不完备性的凸现,使民法在功能构造方面的缺陷也显现出来,经济法的产生弥补了民法固有之缺陷。另外,在当下,由于经济发展本身的规律性和经济过程的复杂性,民法和经济法各自发挥着不可替代的作用。特别是民法作为市场经济的基础性法律,其地位不可或缺。因此,可以说,经济法所追求的实质正义价值并不是对民法所体现的形式正义价值的简单否定,而是对形式正义的扬弃,是对形式正义的弥补和超越。

四、经济法与人的自由全面发展

(一)人的自由全面发展的涵义

努力促进人的自由全面发展,这是马克思主义关于建设社会主义新社会的本质要求。《共产党宣言》最早提出了"每个人的自由发展",此后,马克思在《资本论》中,恩格斯在《反杜林论》中,分别提出了"每个人的全面而自由发展","每个人的全面发展"。江泽民在庆祝建党 80 周年大会上的讲话中重提了这个重大问题,并结

---

① 比如某商品或服务的需求不具有弹性,而该商品的供应者和服务的提供者又处于垄断地位,该商品和服务的消费者在进行该项交换时,必然不能真实表达其意志。

合中国特色社会主义的实践做了论述。中共十六大报告又把促进人的全面发展，定为全面建设小康社会这个战略目标的重要内容。这才引起党政干部和广大群众的关注，从而也使这个问题成为社会热点问题。[①] 在其后的中共十七大报告和十八大报告中，都提到了促进人的全面发展问题，并把它作为深入贯彻落实科学发展观的重要内容做了论述。

理论界对人的自由全面发展涵义的理解和界定尚有分歧，陈志尚教授等对人的自由全面发展做了这样的界定："人的自由全面发展，作为马克思和恩格斯对未来新社会人的生存与发展状态的本质规定，主要是指每一个现实的人摆脱和超越各种内在和外在的限制与束缚，从而在关系、能力、素质与个性等诸方面所获得的普遍提高与协调发展的过程和境界。"[②]陈志尚教授等认为，人的自由全面发展的内容包括以下四个方面：人的关系的自由而全面发展、人的素质的自由而全面发展、人的能力的自由而全面发展、人的个性的自由而全面发展。这里的关系主要是指社会关系，它同人的本质和人的自由全面发展密切相关。这里的素质主要是指人的整体质量和综合品质，包括人的德、智、体、美等诸方面素质。这里的能力主要是指由人的各方面能力所组成的能力体系。这里的个性主要是指人的个性自由。

中国社会主义市场经济体制的建立，为人的自由全面发展创造了条件，也使得中国的经济改革和经济发展成为马克思主义在现时期的一种新的实践。

第一，市场经济的发展促进了社会的全面发展与进步，而人的发展与社会发展是统一的。生产力是人类社会发展的前提和动力，也是人的发展的前提和动力。马克思在谈到人的发展时总是反复强调，人的全面发展不是自然的产物，而是历史的产物，归根结底是社会生产力的产物。人的发展无疑是以人的生命存在为前提的。生产力的发展，日益丰富的生产资料的创造，使人摆脱贫困状态，并在基本满足生存需要的前提下追求享受和发展。事实充分说明"当人们还不能使自己的吃喝住穿在质和量方面得到充分供应的时候，人们就根本不能获得解放"。中国社会主义市场经济体制的建立，是在对社会主义本质的认识逐步深化过程中完成的。邓小平同志指出"社会主义的本质，是解放生产力，发展生产力，消灭剥削，消除两极分化，最终达到共同富裕"。"社会主义原则，第一是发展生产；第二是共同致富"。中国改革的历程实践了邓小平同志的这一理论，也进一步证明了马克思主义关于人的发展与社会发展相统一理论结论的正确性。我们可以看到，告别了贫穷、日益富足的广大劳动者，正以极大的热情投入到社会主义市场经济的建设当中，商品经济的浪潮在推动社会进步的同时，也使商品生产者自身得到了发展。

---

① 陈志尚. 人的自由全面发展论[M]. 北京：中国人民大学出版社，2004.

② 陈志尚. 人的自由全面发展论[M]. 北京：中国人民大学出版社，2004.

第二，市场经济的开放性为人的全面发展提供了良好的条件。市场经济本身是一种开放型的经济。市场经济的开放性决定了作为商品生产者和管理者的个人必然要建立起多方面的社会交换关系，这样也就使人们逐步摆脱了自给半自给的经济生活造成的狭隘性、闭塞性，逐步成为具有全面的社会交往关系的社会化的人。我国的改革实践证明，人们一旦投入到商品经济的契约网络联系之中，传统的狭隘性、闭塞性就开始消除。特别是随着我国国内市场的发育和国际大市场的形成，使人们更加明显地意识到自己的生产活动同国内甚至国际经济发展的密切联系，从而也促进人们从“狭隘地域性的个人”向着“世界历史性、真正普遍的个人”的转变。

第三，在契约化的商品经济发展过程中，普遍的需求和供给互相产生的压力，促使人们向着具有多方面能力的全面发展的方向转变。人们只有掌握了先进的科学技术、生产技能和管理经验，才能适应日益复杂的社会分工和普遍契约化的经济关系的要求。我国的改革实践证明，人们一旦投入到商品生产和交换的洪流中，在不断变化的供求关系的激发之下，对科学技术和文化知识的渴求就显得更加强烈。而这种倾向说明，人们正朝着马克思所说的“全面发展的个人”的方向发展。

第四，社会主义市场经济的发展对中国的文化结构也产生了重大的影响。在契约化的商品经济中，地区之间、部门之间的经济联系成为非常普遍的现象，对外经济技术交流也日益频繁。广泛的经济交往不仅使人们的经济生活发生了变化，而且也引起了人们生活方式和精神状态的重大变化。在社会心理、生活习惯、思维方式、价值观念等方面引起了一系列强烈反映。落后的思想观念、保守的思想意识、陈腐的伦理道德逐渐被抛弃，新的价值观念和具有时代特色的思想文化潮流逐渐形成。经济的发展，促进了文化的发展，而文化的发展使人不断脱离愚昧、落后，逐步走向智慧和文明。

社会主义市场经济是一种全新的经济形式，它不同于其他经济形式的本质所在，应该是其对人的终极关怀，坚持经济发展以人为目的和出发点。但是，我们又必须清楚地看到，社会主义市场经济同样面临着人的异化的考验。比如，随着对“物”的追求，如何确立正确的人生价值取向，如何关注人的发展，都是需要我们深入思考的问题。在社会主义市场经济的发展中同样存在着制约人的自由全面发展的因素：

第一，市场经济是以承认主体的私利为基础的，因此，作为市场经济条件下的人，追求私利便成为天经地义的事情，市场法制也对合理的私利给予制度上的肯定。市场经济在主体追求利益的过程中保证了经济发展的效率。但是，对私利的片面追求往往又会造成人的价值观念的扭曲，人们会在利益的追逐中形成一种认知的错觉——以为利益才是经济发展的目的；物质享受才是人生的意义。这种状况发展的结果，将会使得在市场经济中刚刚获得独立地位的人又被带上了“拜物”的枷锁。

第二，市场经济以契约作为主体经济活动的基本关系方式，契约关系对人的主体意识的形成有着十分重要的意义。但是，由于契约关系普遍的经济性和利益交换性，又使得契约关系必然存在着负向的效应。这就是在契约关系中，由于人们是一种普遍的利益交换关系，这也就决定了人们在市场经济中的交往更多地具有了利益性。有利才交往，无利则较少交往。契约关系的利益性使人们交往的范围扩大的同时，交往内容却走向偏狭。这自然会对“人的自由全面发展”造成负面影响。

第三，以完全的契约自由为基础的市场经济，倡导市场主体参与市场竞争的机会均等和竞争过程的规则公正。但是由于个体的天然秉赋的差异和竞争环境的影响，竞争过程中必然会出现“强”者胜“弱”者败的现象，这一现象发展的结果会带来两方面的影响：一是社会财富分配的两极分化，从而破坏社会的公平；二是社会财富分配的不公达到一定程度转而又会影响经济发展的效率和社会秩序的稳定。在这样的社会经济环境当中，人的发展必然会显现出一种不平衡性。经济发展的结构性问题固然可以通过国家调节的方式得以解决，但因经济发展的偏失对人的发展带来的影响却不能很快地消失。

市场经济对人的发展所带来的影响固然是其本身的特点所造成的，但市场经济可以通过自身的完善来不断消除这些影响。中国社会主义市场经济体制是建立在公有制为主体基础之上的，公有制经济本身就蕴含着以人为目的和促进人的全面发展的理念和精神，而这种理念和精神，在经济发展中被转化为一种对经济正义的目标追求。经济正义说到底是以人为根本和重心的，对经济正义的追求，反映了一种对人的关怀和重视，是人类在经济发展中对自身地位与价值的审视与关照，是人类求得自身发展的必然要求。社会主义市场经济具有经济的必然性和历史的必然性，它是人的全面解放与自由发展之路上的一个重要的环节，是促成人的“自由个性”生成的不可逾越的阶段。社会主义市场经济有一套合理的道德体系与之相适应，同社会主义性质紧密联系在一起，因此，社会主义市场经济有追求经济正义的必然要求和实现经济正义的客观条件，有实现人的自由全面发展的制度基础。只要我们把社会主义市场经济发展的价值原则始终定位于解放生产力、发展生产力、消灭剥削、消除两极分化，最终实现共同富裕的根本目标之上，我们就一定能够克服市场经济的某些负面影响，从而实现经济发展与人的自身发展的协调与统一。①

① 吴平魁.论经济的发展与人的自身发展[J].理论导刊，2002(8).

(二)经济法的人的自由全面发展价值及其实现

人的自由全面发展作为法的价值是毋庸置疑的。目前,国内许多学者开始关注这一法学论题。卓泽渊教授在其著作里对法的这一价值做了较系统的论述,而且他认为,人的自由全面发展价值是具有终极意义的法的最高价值。[①] 经济法学对人的自由全面发展价值的专门研究还显薄弱,需要各方面积极推进。

中国社会主义经济法的人的自由全面发展价值的存在,具有基本的制度前提和现实的政策与理论基础,同时,经济法对人的自由全面发展的价值的体现呈现出整体性与层次性的统一。

第一,经济法的社会主义本质,是经济法的人的自由全面发展价值据以存在的根本前提。中国经济法与西方经济法的根本区别,就在于它的社会主义本质,而经济法的社会主义本质又是由中国社会主义制度的本质决定的。社会主义作为不同于资本主义的新的社会形态,其本质特征或者说根本原则当然是建立以公有制为主体的社会主义经济基础和以人民民主为主体的社会主义政治上层建筑。在人民当家作主的新中国,人民是社会主义建设的主体,是推动中国社会前进的决定力量。人民是中国特色社会主义的创造者,因而,理所当然地也是他们所创造的全部物质和精神财富的享用者。党和政府全部工作的出发点和唯一目的应该是、也必须是不断地满足人民的各种需要,维护和发展人民的各种利益,促进人的自由全面发展。经济法作为中国特色社会主义法律体系的重要组成部分,应该充分体现社会主义本质,同时,以巩固和完善社会主义制度为根本任务,以现实人的自由全面发展为终极价值。当前,经济法的任务主要是服务于解放生产力、发展生产力、消灭剥削、消除两极分化,最终实现共同富裕的这一根本目标,为实现人的自由全面发展创造条件。

第二,经济法的科学发展理念,是经济法的人的自由全面发展价值得以彰显的重要基础。经济法以经济发展为核心理念。如前所述,经济发展是与经济增长既相互联系又有重要区别的概念。经济增长是指一个国家商品和劳务的增加,通常用国民生产总值(GNP)或国内生产总值(GDP)及其人均水平来衡量。经济发展比经济增长的含义要广,不仅意味着产出的增长,还包括随着产出的增长而带来的产出与收入结构的变化以及经济条件,政治条件和文化条件的变化。20 世纪 60 至 80 年代以来,一些西方学者注意到了“增长”与“发展”两个范畴的区别,开始对传统的发展观进行反思,并提出了关于以人为本的发展思想。1971 年,美国经济学家丹尼斯·古雷特(Dennis Goulet)指出,发展至少有三个基本内容——生存、

① 卓泽渊.法的价值论[M].北京:法律出版社,1999.

自尊和自由。所谓生存，就是提供基本生活需要，包括食物、住所、健康和保护，以维持人的生存；自尊就是人要被当做一个人来看待，感受到自身的价值，而不是为了他人的目的被作为工具来使用；所谓自由，就是从异化的物质生活条件和各种社会精神奴役中解放出来。简言之，发展的本质就是追求以人为本的发展，在不同层次上满足人的基本需要和发展人的能力。① 1983年，法国经济学家、社会学家弗朗索瓦·佩鲁(Francois Perroux)提出应把人的全面发展作为评价发展的尺度和目的。②

中国共产党立足中国社会主义初级阶段的基本国情，总结中国发展实践，借鉴国外发展经验，适应新的发展要求提出了科学发展观。科学发展观，就是坚持以人为本，全面、协调、可持续的发展观，它是中共中央总书记胡锦涛在2003年7月28日的讲话中提出的中国共产党的重大战略思想。在中共十七大上，科学发展观被写入党章；在中共十八大报告中，正式将科学发展观列入党的指导思想。2012年11月14日，中共十八大通过《中国共产党章程(修正案)》把科学发展观同马克思列宁主义、毛泽东思想、邓小平理论、“三个代表”重要思想一道确立为党的行动指南。

科学发展是经济法的核心理念，追求经济发展的全面、协调与可持续是现代经济法的基本目标。现代经济法特殊的价值构造决定了它可以弥补传统私法的不足，在保证经济增长的同时实现价值超越，为经济的全面、协调与可持续提供保障。经济法在服务于经济发展这一目标的过程中，它的人的自由全面发展的价值也得以彰显。

第三，经济法特有的规范体系，是经济法的人的自由全面发展价值得以实现的具体形式。经济法的人的自由全面发展价值，不仅通过它作为一个独立法律部门的整体功能的发挥而体现出来，也通过它的规范体系的各个部分得以具体实现。比如，经济自由是体现人的自由的重要内容，而市场规制法就是维护经济自由的法。市场规制法不仅一般地维护近代私法所保障的自由，还通过它特有的调整方式矫正近代私法的局限，克服“近代私法所保障的形式上的自由平等，在现实中却显示出对经济性、社会性弱者带来的不自由、不平等的一面。”③宏观调控法通过对经济总量的调节和控制，实现经济的持续稳定发展，为人的自由全面发展创造环境、提供基础。同时，还通过财政、税收等手段调节收入和分配，促进经济平等，为人的自由全面发展提供具体而现实的条件。

---

① 张建华. 包容性增长以创造公平机会和共享成果为导向[N]. 中国社会科学报，2010-10-19.

② 弗朗索瓦·佩鲁. 新发展观[M]. 张宁，丰子义，译. 北京：华夏出版社，1987.

③ 丹宗昭信，伊从宽. 经济法总论[M]. 吉田庆子，译. 北京：中国法制出版社，2010.

第七章　经济法范畴问题

第一节　经济法范畴问题概述

一、经济法范畴的概念

关于范畴的词义，《现代汉语词典》有两种解释，一是指类型、范围。二是指人的思维对客观事物的普遍本质的概括和反映。“范畴（category）和概念（concept）作为人类认识成果的结晶，作为人类思维的形式，它们之间没有实质区别。它们的区别仅仅在于范畴是人类在认识客体的过程中形成的基本概念。”①所以，我们可以概括地讲，范畴就是指各门科学知识的基本概念。

在哲学史上，亚里士多德最早对范畴作了系统的研究，把它看作是对客观事物的不同方面进行分析归类而得出的基本概念。马克思主义哲学认为范畴是反映客观事物的本质联系的思维形式，是各个知识领域中的基本概念。各门具体学科中都有各自特有的范畴，如化学中的化合、分解，经济学中的商品、价值等。范畴是人们在实践基础上概括出来的科学成果，转过来成为进一步认识世界和指导实践的方法。范畴是人类认识发展的历史的产物，一定的范畴标志着人类对客观世界的认识的一定阶段。它必然随着社会实践和科学研究的发展而逐步丰富和更加精确。②

范畴的研究是十分重要的。

第一，范畴及其体系的形成，是一个学科成熟的标志。一个学科的存在是以其具有自身的范畴体系为条件的。任何一个学科，均为范畴逻辑推演、序列而生的范畴体系。按照马克思主义辩证逻辑的观点，衡量一门学科的理论体系是否成熟的重要标志，就是看它能否运用从抽象上升到具体以及逻辑与历史相统一的方法来建造该学科的范畴逻辑体系。我们对某一学科的研究，就是按照理论思维的科学方法，概括抽象出该门学科的一系列概念和范畴，同时进一步对这些概念和范畴进行逻辑梳理，使其系统化和体系化。

---

① 张文显．法哲学范畴研究：修订版[M]．北京：中国政法大学出版社，2001．

② 辞海编辑委员会．辞海[M]．上海：上海辞书出版社，1994．

第二,范畴是不同学科之间进行沟通、对话的基础。一个学科在发展过程当中,与其他学科之间进行沟通和对话是十分普遍的现象。因为,客观事物之间的联系性和研究对象之间的相互关联性,使得任何一门学科都不能超然于其他学科而孤立的存在和发展,所以,学科之间的沟通与对话是必然的,也是必要的。由于学科性质和特点的不同,学科之间的对话可能采取不同的形式,或在不同的层面展开,但各学科业已形成的概念和范畴始终是学科对话的基础。一个学科如果没有自己的范畴,或者是范畴的内容模糊不清,就不能形成共识,各学科之间的沟通、对话就会有障碍,学科之间的合作就无从谈起,学科自身的发展自然也就受到影响。

第三,范畴的变迁是学科发展和学术进步的重要形式。范畴是发展的,没有永恒不变的范畴。这是因为,一方面,人们对客观事物的认识是不断深化的。人们通过社会实践和科学实验对某一学科的研究对象进行不断的探索,在这个探索过程中,人们的认识也在不断深化。这个时候,范畴也必然从简单走向复杂,从单一规定发展为多种规定,从零散无序上升到更加综合和体系化。另一方面,客观事物也是不断发展变化的。人们对客观事物的认识和理论概括会随着客观事物的变化而不断地升华和修正。范畴也在客观对象的不断变化中呈现出新的内容。

从某种意义上说,学科的发展史就是范畴的变迁史,从学术史的角度看,范畴的演变基本上反映了某一学科领域的学术流变。

经济法的范畴是指经济法的基本概念。经济法范畴的研究和构建相对于其他传统法学学科相对滞后,这不仅是因为经济法学是较为年轻的学科,尚缺乏必要的理论积累和学术积淀,同时也是因为经济法现象本身的复杂性,使其理论构建较为困难。多年以来,法学界对经济法重要范畴的关注和研究一直没有停止过,但大部分的研究基本上是零散化的,系统性和整体性的思考相对较少。经济法范畴及其体系的专门化研究应该受到学界的重视。

1998 年 11 月,中国法学会民法经济法研究会在西安举行的年会上,郑州大学研究生刘红臻提交了"经济法基石范畴研究(纲要)"一文,这是较早专题研究经济法范畴问题的文章。[①] 2003 年,郑州大学的程宝山教授在其《经济法基本理论研究》一书中,对"经济法的基石范畴和基本范畴"问题做了一定的研究。[②] 2013 年,中国政法大学薛克鹏教授的著作《经济法基本范畴研究》,[③]是近年来研究经济法范畴问题较为系统和全面的论著。

---

① 据作者在会议论文说明中交代,本文曾于 1998 年 10 月提交全国第六届经济法理论研讨会,会后,根据各方面的意见,对文章有关章节做了补充和修正,再次提交本次年会。刘红臻还以《经济法基石范畴论纲》作为他的硕士学位论文选题。程宝山. 经济法基本理论研究[M]. 郑州:郑州大学出版社,2003.

② 程宝山. 经济法基本理论研究[M]. 郑州:郑州大学出版社,2003.

③ 薛克鹏. 经济法基本范畴研究[M]. 北京:北京大学出版社,2013.

二、经济法的范畴体系

经济法的范畴体系是经济法一系列个别范畴的有机联系的整体。认识和分析经济法现象，既要研究经济法的个别范畴，通过对经济法个别范畴的深入剖析，了解经济法某一方面或某一局部的存在状况与发展规律。同时，更要研究经济法个别范畴之间的联系，通过对经济法各个别范畴之间相互关系的考察，把握经济法整体的存在状况和运行规律。

经济法范畴体系的结构可以从不同的角度去认识和把握。

首先，按照经济法范畴的层次，即概括和抽象程度，可以将其划分为基石范畴、基本范畴和一般范畴。基石范畴，也可以称作核心范畴，它是在经济法范畴体系当中居于奠基地位并与其他经济法范畴具有普遍联系的范畴。① 经济法的基石范畴是在经济法基本范畴和一般范畴基础上发展而来，是经济法基本范畴和一般范畴的高度概括和抽象的结果。经济法的基石范畴对于其他各范畴的意义，就像网上之纲、建筑之基座。它对经济法其他各范畴具有统御作用。那么，经济法的基石范畴究竟是什么呢，程宝山教授认为，“社会整体经济利益，也就是狭义上的社会利益”(即社会利益当中除却了精神利益之外的社会物质利益，亦即社会经济利益)，是经济法的基石范畴。而且他还认为，由于经济法的基石范畴在经济法的范畴体系当中居于奠基和起始的核心地位，因而只能有一个。② 当然，经济法的基石范畴是否只能有一个？而这个基石范畴为什么就是社会整体经济利益？我们还可以做进一步讨论。基本范畴，是从宏观层面综合反映经济法的存在和运行状况的范畴。经济法的基本范畴虽然不像基石范畴那样具有至高性，但它却是从某一个层面或某一个角度来综合反映经济法现象。因此，经济法的基本范畴在经济法范畴体系中居于主干地位，发挥着经济法理论体系的架构作用。像经济法律关系、经济行为、国家干预、经济法责任等都属于基本范畴。一般范畴，是从微观层面对经济法的某一个局部或某一个方面的认识和反映。它是经济法各个分支体系中的基本概念。如消费者，是消费者权利保护法领域的重要范畴，财政法定主义，是财税法领域的重要范畴等。经济法的一般范畴虽然是对经济法个别领域的理论抽象成果，但它在整个经济法范畴体系当中同样具有重要意义，具有基础性的地位，发挥着理论支点的作用。

---

① 刘红臻在“经济法基石范畴研究(纲要)”(1998年中国法学会民法经济法年会论文)一文，程宝山在《经济法基本理论研究》一书中都使用了“基石范畴”的表述，并把它界定为“作为逻辑起点，规定并贯穿着整个体系衍生的”范畴。程宝山.经济法基本理论研究[M].郑州：郑州大学出版社，2003.张文显.法哲学范畴研究：修订版[M].北京：中国政法大学出版社，2001.

② 程宝山.经济法基本理论研究[M].郑州：郑州大学出版社，2003.

其次，按照经济法范畴的类型，可以将其划分为本体论范畴、进化论范畴、运行论范畴、主体论范畴、客体论范畴、价值论范畴等几个方面。[①] 本体论范畴是对经济法的存在及其本质的认识和概括，反映经济法是什么，经济法内部的构成要素和结构形式，经济法存在的形式，经济法的调整机制，经济法的基本功能等。经济法主要的本体论范畴有：经济法、经济法规范、经济法原则、经济权利、经济义务、经济法体系等。进化论范畴是对经济法从产生到消亡的历史过程及其发展规律的认识和概括。经济法主要的进化论范畴有：经济法的产生、经济法的发展、经济法的类型、经济法制现代化等。运行论范畴是对经济法的运行和操作过程的各个环节的认识和概括。它反映经济法运行系统的各个组成要素和环节，经济法运行和操作的方法和机制等。经济法主要的运行论范畴有：经济立法、经济执法、经济司法、经济法制系统、经济法律行为、经济法律关系、经济法律事实、经济法责任等。主体论范畴是对经济法律的实践主体和价值主体及其相互关系的认识和概括。它既反映经济法律的实践者，即谁在从事经济法律活动，又反映经济法律调整的利益相关者。经济法主要的主体论范畴有：国家机关、企业事业单位和社会团体、自然人等。客体论范畴是对经济法调整对象以及经济权利（职权）和经济义务（责任）指向、影响、作用的对象的认识和反映。它反映经济法律客体的法律属性和价值意义。经济法主要的客体论范畴有：经济关系、经济行为、经济职权、经济利益、经济财产等。价值论范畴是对主体对经济法的需要、经济法对主体的意义以及经济法满足主体需要的认识、评价和概括。相比其他范畴而言，价值论范畴不仅反映人们对于经济法的知识，而且反映人们对经济法的需要以及对经济法的评价和态度。经济法主要的价值论范畴有：实质正义、经济民主、经济秩序、社会经济利益、经济效益、经济效率等。

第二节　经济法主要范畴研究

一、社会公共利益

（一）利益概述

1. 利益的概念及其含义

利益，《现代汉语词典》解释为好处。在学理上，利益可以从不同的角度来进行理解。目前，关于利益的定义大体上有四种观点：第一种观点把利益定义为纯主观

① 张文显. 法哲学范畴研究：修订版[M]. 北京：中国政法大学出版社，2001.

的东西，认为利益不过是人的主观情欲要求。第二种观点把利益看成主观与客观相统一的东西，认为利益的内容是客观的，表现形式是主观的。第三种观点把利益看成从内容到形式都是纯客观的东西，认为利益就是实物的东西、物质的东西、客观的东西。第四种观点把利益看成是一种关系，认为利益就是社会关系，首先是物质经济关系。关于利益的不同定义都是有价值的。但一般认为把利益作为一个关系范畴来看待更能反映利益的本质。所以，所谓利益，就是一定的客观需要对象在满足主体需要时，在需要主体之间进行分配时所形成的一定性质的社会关系的形式。① 利益范畴由多重要素构成，王伟光先生认为，以下五个方面是构成利益范畴的基本要素：

第一，需要是形成利益的自然基础。一定的需要形成一定的利益。需要，特别是物质的自然生理需要是形成利益，首先是物质利益的自然基础。马克思、恩格斯指出："需要是人对物质生活条件和精神生活条件依赖关系的自觉反映。"②所以，需要的内容是客观的，需要的形式是主观的。需要是人的生命的前提，人的需要是人的本性，人的需要是劳动的根源。需要对人的特殊意义，使其成为利益的自然基础。

第二，社会关系是构成利益的社会基础。人的社会属性不仅使人的需要具有社会性，也使利益的形成必然与一定的社会关系相联系。需要主体与需要客体之间的矛盾，一方面固然是人与自然的关系造成的，另一方面也是最重要的方面，是人与人的关系造成的。正是由于人与人之间的矛盾关系，才是需要主体与需要客体之间的矛盾成为现实的社会矛盾。正是由于处于不同的社会关系之中的需要主体之间的社会差别，决定了需要主体会因需要对象而产生一种分配关系、分配差别、分配矛盾，从而产生利益关系上的矛盾。由此表明，只有在一定的社会关系的基础上，才能真正形成社会的利益关系。

第三，社会实践是形成利益的客观基础。要解决需要主体和需要对象之间的矛盾，就必须拥有足够的现实的需要对象。只有通过社会实践活动，人们才能寻求到需要对象，才能创造出需要对象。同时也只有通过实践性的社会关系，才能对这些需要对象进行分配，以满足人们的利益需要。社会实践是形成利益的客观手段和基础。

第四，人的需要对象是利益形成的实际内容。利益的实现必须以需要对象的存在为提前，离开了任何实际的需要对象，也就无所谓利益了。实际存在的需要对象既可以是物质产品，也可以是精神产品；既可以是自然物品，也可以是人造物品。

---

① 王伟光．利益论[M]．北京：人民出版社，2001．

② 马克思恩格斯全集：第 2 卷[M]．北京：人民出版社，1957．

这些需要客体无论何者都构成了利益的实际内容。

第五,人的欲求是利益形成的主观因素。利益也有主观性的方面,反映了人对需要本身的一种主观追求。这种追求表现为人们在欲求基础上形成的利益兴趣、利益认识,所以人的感性和理性上的对利益的认识是利益形成的主观因素。

以上是构成利益范畴的五个基本要素。但是,构成范畴的要素并不等于利益,要形成利益,上面五种要素还必须有机结合起来,而能够把这五种要素统一起来的正是构成利益的社会基础——社会关系。①

2. 利益的类型

(1)按照利益一般和利益个别的关系,可以把利益划分为个别利益、特殊利益、共同利益、一般利益(普遍利益)。(2)按照利益的实现范围,可以把利益划分为局部利益、整体利益。(3)按照利益的主体差别,可以把利益划分为个人利益、群体(集体、集团)利益、社会整体利益。在此基础上,还可以进一步划分出单位利益、地区利益、阶层利益、阶级利益、民族利益、国家利益等,甚至还可以划分出某个具体主体的利益,如工人阶级的利益、农民阶级的利益等。(4)按照利益的客观内容,可以把利益划分为物质利益和精神利益、经济利益和政治利益等。(5)按照利益现实的时间,可以把利益划分为长远利益、眼前利益。(6)按照利益的重要程度,可以把利益划分为核心利益、根本利益、暂时利益。(7)按照利益是否实现,可以把利益划分为将来利益(期待利益)、既得利益。

利益的不同分类都有着具体的意义,在此我们不做进一步的说明。

(二)社会公共利益的含义

社会公共利益作为利益的一种类型,是法律调整和保护的对象。我国法律对社会公共利益概念的使用比较晚近。1954 年颁布的《中华人民共和国宪法》确认了公共利益原则,作为国家限制资本家经营活动和国家征购、征用个人财产及国有化的依据。这也是新中国第一次以法律形式确认公共利益。1979 年 7 月 1 日,第五届全国人民代表大会第二次全体会议通过的《中华人民共和国中外合资经营企业法》,第一次从普通法律的层面上规定了社会公共利益,并将其作为对外资企业进行国有化和征收的依据。1981 年 12 月 13 日颁布的《中华人民共和国经济合同法》也将社会公共利益作为认定合同效力的一个原则。1982 年新修改的《宪法》当中将公共利益规定为国家征收、征用集体和个人财产的依据,同时又规定公民在行使自由和权利时不得违反社会利益。此后,《中华人民共和国民法通则》《中华人民共和国土地管理法》《中华人民共和国外资企业法》《中华人民共和国中外合作经营

---

① 王伟光. 利益论[M]. 北京:人民出版社,2001.

企业法》《中华人民共和国专利法》《中华人民共和国合同法》《中华人民共和国物权法》等法律都规定了社会公共利益，从而使社会公共利益成为我国法律的一项普遍性原则。①

尽管社会公共利益作为法律用语被广泛使用，但社会公共利益的具体含义是什么，仍然十分模糊。不仅现行法律没有对此做出明确界定，学者们在认识上也没有共识性的结论。某些经济立法试图通过列举的方式对公共利益划定一个范围，比如，《中华人民共和国信托法》就以列举的方式第一次在法律上划定了公共利益的范围。2011 年国务院颁布的《国有土地上房屋征收与补偿条例》，再次从城市房屋征收角度对公共利益的范围进行了列举。② 但通过这些列举，也只是反映了这两个不同领域的社会公共利益形态。

社会公共利益在我国学者的著述当中有不同的表述，如，社会利益、公共利益、社会经济利益、社会整体利益等都是比较类似的概念。学者们使用不同的表述，大都是为了凸显此一概念某一方面的特性。由于我国法律当中较多的使用了“社会公共利益”的表述，因此，我们也取这一称谓作为经济法的重要范畴。

关于社会公共利益含义的把握之所以如此的困难，当然首先是因为这一概念的内容本身具有极大的不确定性。同时，也是由于人们对认识和研究这一概念的方法和路径缺乏科学合理的选择。薛克鹏教授在它的著作里从方法论的角度对这一问题有较好的说明。他认为，在认识社会公共利益问题上同样存在着个体主义和整体主义两种方法。从个体主义角度认识公共利益，公共利益即等于个人利益之和，即“私益之和便是公益。”与个体主义方法论不同，整体主义方法论将公共利益解释为一种独立的利益形态，而不是个人利益的简单加总。他认为只有选择整体主义方法论，才能真正把握社会公共利益的真谛。③ 刘水林先生在其著作里，也对社会公共利益做了整体主义的思考，它指出：“以整体主义的有机社会观来思考，‘社会利益’、‘社会公共利益’或‘公共利益’就是社会作为实质意志的独立存在的有机整体的利益，它不能简约或还原为个人利益的加总，多数人的利益并不一定就是社会利益。”④

社会公共利益是以社会作为利益主体的利益类型，是社会形成为一个有机的、完整的利益主体时实现的利益。关于社会公共利益的含义，我们可以做以下方面的理解：

---

① 薛克鹏. 经济法基本范畴研究[M]. 北京：北京大学出版社，2013.

② 薛克鹏. 经济法基本范畴研究[M]. 北京：北京大学出版社，2013. 参考我国《信托法》第六十条和《国有土地上房屋征收与补偿条例》第八条。

③ 薛克鹏. 经济法基本范畴研究[M]. 北京：北京大学出版社，2013.

④ 刘水林. 经济法基本范畴的整体主义解释[M]. 厦门：厦门大学出版社，2006.

首先,社会是社会公共利益的主体。利益是对主体需要的满足,利益主体的存在是利益存在的前提。社会是社会公共利益的主体。社会不是虚幻的东西。马克思指出:“生产关系总和起来就构成为所谓社会关系,构成所谓社会,并且是构成一个处于一定历史阶段上的社会,具有独特特征的社会。”①社会作为“由于共同物质条件而相互联系起来的人群。”②不是简单的个人的集合,而是一个受自身规律支配的客观存在的有机整体。③ 社会作为人的共同体,当然有利益需求,对共同利益的追求,使社会成为社会公共利益的主体。

其次,共同利益是社会公共利益的内容。社会作为人的共同体,因共同的需要和共同的欲求而产生共同的利益。共同利益虽然不是个人利益的简单总加,但共同利益却是以个人利益为基础的。“‘共同利益’在历史上任何时候都是由作为‘私人’的个人造成的”。④ 个人利益上升为共同利益的共同基础是人类的社会性。马克思在《资本论》中分析商品交换时,就指出了这种个人利益和共同利益的统一。在商品市场上,交换者双方都是从个人需要出发,以实现个人利益为目的。甲用自己的产品换成货币,再到乙处,用货币换回自己需要的物品,使个人利益得到实现;而乙通过这样的交换,也可以用货币去购买自己所需要的物品,实现其个人利益。这整个交换行为的内容就是甲乙双方的共同利益,只是因为它存在于“自身反映的特殊利益背后”⑤,使人不易觉察。马克思认为,个人利益是把市民社会联系起来的主要因素。因此,在个人利益的基础上必然形成共同利益。⑥ 共同利益具有整

---

① 马克思恩格斯选集:第1卷[M].北京:人民出版社,1972.

② 中国社会科学院语言研究所词典编辑室.现代汉语词典[M].北京:商务印书馆,1983.

③ 西方学者对社会有多种多样的解释,大致可以划分为“唯名论”和“唯实论”两大派别。“唯名论”源于中世纪欧洲经验哲学的非正统派唯名论,近代的洛克、卢梭等启蒙思想家均是这种社会观的倡导者。“唯名论”认为,只有个人才是真实的存在,一切社会关系最终可以还原为个人与个人之间的关系。社会不是一个客观存在的实体,而是一群“同心人”的集合体,是代表具有共同特征的许多人的名称,是空名而非实体。在个人与社会二者的关系问题上,“唯名论”强调个人的终极地位,认为个人不但要优于社会,而且具有目的性。相对于个人,社会只是满足个人需要的工具,或只有工具性的价值。“唯名论”社会观建立在个人主义基础上,经自由主义思想家的推崇,成为近代社会主流政治思想和法律制度的基石。与“唯名论”相对的是“唯实论”或“实体论”。“唯实论”的思想渊源可以追溯到柏拉图和亚里士多德,近代社会学家承袭并发展了这一思想,并对社会法学派的诞生产生了重要影响,其倡导者有英国的斯宾塞、法国的涂尔干和德国的齐美尔等人。在“唯实论”看来,社会不是简单的个人的集合,而是一个客观存在的东西,是真实存在的实体。如同个人一样,社会是一个有机整体,是一个由各种制度和规范构成的有机整体,社会外在于个人,并对个人具有强制性。马克思主义个人与社会观属于“唯实论”范畴。我国学者普遍接受了马克思主义社会观,认为社会是一个“以一定的物质生产活动为基础而相互联系的人类社会共同体”。薛克鹏.经济法基本范畴研究[M].北京:北京大学出版社,2013.

④ 马克思恩格斯全集:第3卷[M].北京:人民出版社,1960.

⑤ 马克思恩格斯全集:第46卷:上册[M].北京:人民出版社,1979.

⑥ 王伟光.利益论[M].北京:人民出版社,2001.

体性和不可分割性，个人利益相加的结果仍然是个人利益，只有社会中那些相互联系，不可分割的利益才是共同利益(公共利益)。共同利益有以其多样化的形态构成社会公共利益的现实内容。①

我国传统法学理论偏向于国家本位主义，常常以国家利益代替社会公共利益。近年以来，学者们开始重视社会公共利益与国家利益的区别。在立法实践当中也逐步将社会公共利益和国家利益相区别。②

在国家利益与社会公共利益的关系方面，学者们基于不同的国家观以及对国家概念的不同定义和不同理解，形成了许多不同的观点。马克思主义认为，国家利益从实质上讲是掌握国家政权的统治阶级的利益。但国家利益同时在一定程度上具有社会公共利益的性质。俞可平先生在他的著作里对国家利益何以有社会公共利益的性质做了具体的论述③。他指出，首先，任何统治阶级为了自己和整个国家的生存，必须履行一定的社会公共职能，例如，维护正常的社会经济秩序。这些社会公共职能是国内所有公民的正常生活和工作所必须的。其次，统治阶级与被统治阶级在某些非根本性的问题上以及在某些特定的情况下可能有一致的利益，这种一致的利益通常总是以国家利益的形式出现。例如，发展经济，繁荣科技，提高生产率，普及教育，增加社会财富等等。再次，某些被统治阶级的利益与统治阶级的眼前利益是对立的，但从长远看，实际上并未对立。对于被统治阶级的这部分利益，统治阶级往往给予尽可能的满足，从而使之上升为国家利益。例如，公民的义务教育，卫生保健，良好的社会风俗，繁荣的文化艺术等等。最后，国内阶级斗争的激化及阶级力量的消长常常促使统治阶级不得不作出种种让步，以满足被统治阶级的利益。在这种情况下，与统治阶级利益相对立的被统治阶级的利益就可能上升为社会公共利益或国家利益。

在通过上述分析之后，俞可平先生总结出了如下的结论：国家利益实质上是统治阶级的利益，但不能把两者加以简单、绝对的等同。国家利益不仅在形式上表现为社会公共利益，而且也确实包含有社会公共利益的内容。因此可以说，所谓的国家利益，就是统治阶级的利益与其支配的社会公共利益的一种混合。

(三)经济法保护的社会公共利益的内容和范围

法律对社会公共利益的保护是近代以来法律社会化的必然结果，是法律社会

---

① 若就利益类型来说，共同利益为内容的利益形式包括了两种类型：一种是社会整体利益，另一种是群体利益。这里主要指的是前者。

② 有学者指出，我国第一次从法律上将国家利益和社会公共利益进行区分的是1986年颁布的《中华人民共和国民法通则》，该法第七条和第五十八条将损害国家利益和社会公共利益分别作为无效民事行为的两种情形。薛克鹏.经济法基本范畴研究[M].北京：北京大学出版社，2013.

③ 俞可平.政治权力与公益政治——当代西方政治哲学评析[M].北京：社会科学文献出版社，2000.

本位的必然逻辑。在现行的法律体系当中，尽管各有关法律部门都以其不同的法律原则和调整方法来维护社会公共利益，但惟有经济法是以社会公共利益作为核心法益追求。从某种意义上说，经济法就是以维护社会公共利益为核心目标建立起来的。经济法保护的社会公共利益主要反映在经济领域，故此有人也将经济法保护的社会公共利益称为社会经济利益。经济领域的社会公共利益纷繁复杂，大体上包括了以下主要的方面：

1. 经济秩序

秩序是社会存在的基础。几乎没有人会否认秩序的存在对人类文明的重大意义。但秩序究竟如何形成、如何实现以及怎样在实现秩序的同时不至于丧失人的尊严，面对这些问题，学者们从不同的角度和不同学科进行着持续的思考。一般认为，秩序形成有两种形式：即"构建"的秩序和"自发"的秩序①。构建的秩序是"直接凭借外部权威，它靠指示和指令来计划和建立秩序以实现一个共同目标(组织秩序或计划秩序)"；自发的秩序是"间接地以自发自愿的方式进行，因各种主体都服从共同承认的制度(自发秩序或非计划秩序)。② 在现代经济生活中，两种秩序是相互并存的，比如，在西方市场经济条件下"家庭和企业中基本上有组织、有计划的秩序，以及市场和开放社会中的自发秩序。"③同时存在于资本主义经济体当中。

中国特色社会主义市场经济体制的建立，改变了中国社会固有的社会秩序结构，就经济秩序而言，已再不是被西方自由主义思想家长期诟病的传统计划经济秩序，当然也决然不是西方自由主义思想家们所膜拜的自发自由秩序。我们在经济社会发展过程当中，既要尊重、维护自生自发的合理的秩序，也要注重构建经济社会发展所需要的秩序。这种中国特色的经济秩序模式为中国社会经济发展所需要，被中国经济法律的价值所包摄。④

经济秩序作为社会公共利益的重要内容，是以社会整体主义理论为基础的。许多学者在其著作中论述了经济秩序与社会公共利益的相关性。日本学者丹宗昭信在研究垄断禁止法时讲到："'公共的利益'一般认为是'指自由竞争为基础的经

---

① 这一分类是西方自由主义思想家、诺贝尔经济学奖得主哈耶克提出来的。对两种不同性质的秩序所作的的界分，构成了哈耶克的社会秩序分类学的核心。有学者评述说，"自由自发的秩序"概念是哈耶克最伟大的发现，亦是其法学和经济学的根本原理。弗里德利希·冯·哈耶克. 自由秩序原理：上下册[M]. 邓正来，译. 上海：生活·读书·新知三联书店，1997.

② 柯武刚，史漫飞. 制度经济学——社会秩序与公共政策[M]. 韩朝华，译. 北京：商务印书馆，2000.

③ 柯武刚，史漫飞. 制度经济学——社会秩序与公共政策[M]. 韩朝华，译. 北京：商务印书馆，2000.

④ 我国经济立法实践当中，许多重要的经济法律法规都把"维护社会经济利益"作为其立法目的和立法宗旨加以规定。比如，《中华人民共和国消费者权益保护法》第一条，《中华人民共和国产品质量法》第一条，等等。

济秩序本身。妨碍这种经济秩序的事态，就是直接违反公共的利益’”。[①] 我国学者薛克鹏教授在其著作的相关论述中，把经济秩序作为经济领域中的社会公共利益的首要内容。[②] 刘水林博士在其著作中也认为“经济法的整体利益的主要体现就是经济秩序。”[③]

2. 经济安全

经济安全是消除经济社会系统运行中的潜在不稳定因素而达到的一种经济状态。本质体现在“发展”和“稳定”的关系之中。发展是经济安全的基本要素。如果经济没有发展，经济的生存能力、抵御和适应内外威胁的能力就会降低。经济的稳定反映了经济体系中各要素之间、经济体系与其他系统之间联系的稳固性和可靠性，反映了经济承受内部和外部压力的能力。[④]，经济安全有许多具体的表现形式，主要包括金融安全、资源（如石油、粮食和人才）安全、产业安全、财政安全、信息安全等。现代经济发展过程中，经济安全问题越来越受到关注。历史上发生的几次大的金融危机和能源危机对经济社会发展造成的破坏，以及给人们的生活带来的现实影响，使人们对经济安全问题有了全新的认识。对于生活在一定经济环境和经济系统中的每一个人来讲，经济安全就是现实的利益。由于经济安全的整体性、系统性和不可分割性，决定了经济安全的公共属性，从而也使经济安全成为社会公共利益的基本内容。

3. 经济发展

经济发展是发展经济学的概念，它是与经济增长相联系的一个重要范畴。[⑤] 经济发展以经济增长为基础，但经济增长并不意味着经济发展，经济发展比经济增长有更多的内涵。经济增长是指一个国家商品和劳务的增加，衡量经济增长的重要经济指标是国内生产总值（GDP）及其人均水平。国内生产总值的上升意味着社会财富的增加，人们的福利相应增加，因此，经济增长对社会及其成员来讲就是利益。但这种利益对许多社会成员来讲仅仅是一种可能的利益，因为，发展中国家的经济成长历史表明，经济增长的过程中并不必然的能够解决诸如就业、贫困以及社会财富两极分化等问题，许多国家的经济虽然取得了增长，人均国内生产总值或人均收入也以很快的速度增长，但是其成果只是为极小部分人所获得，大多数人的生活并没有因为经济增长而获得改善。一些发展中国家甚至出现虽然获得经济增长，但大多数人的生活状况不但没有随着经济增长得到改善反而恶化了的情况。

---

① 丹宗昭信，厚谷襄儿．现代经济法入门[M]．谢次昌，译．北京：群众出版社，1985.

② 薛克鹏．经济法基本范畴研究[M]．北京：北京大学出版社，2013.

③ 刘水林．经济法基本范畴的整体主义解释[M]．厦门：厦门大学出版社，2006.

④ 奚洁人．科学发展观百科辞典[M]．上海：上海辞书出版社，2007.

⑤ 参考本书第一章第四节有关经济发展与经济增长相互关系的论述。

因此，经济增长所带来的利益对整体社会而言存在着结构性的矛盾。

经济发展是一个全新的理念，它强调发展的可持续，追求经济、社会和环境三者的协调发展。实践证明，只有在经济发展的情况下，社会主体的期待利益才能真正变成现实的利益。因此，超越经济增长的经济发展才是社会公共利益的重要内容。

4. 公共物品和共有资源

公共物品是指公共使用或消费的物品。严格意义上的公共物品具有非竞争性和非排他性。所谓非竞争性，是指某人对公共物品的消费并不会影响别人同时消费该产品及其从中获得效用。所谓非排他性，是指某人在消费一种公共物品时，不能排除其他人消费这一物品（不论他们是否付费），或者排除的成本很高。公共物品一般不能或不能有效通过市场机制由企业和个人来提供，主要由政府来提供。① 公共物品的范围十分广泛，比较重要的有以下几种：第一，国防。国防就是一个国家的防务，是指国家为防备和抵抗侵略，制止武装颠覆，保卫国家的主权、统一、领土完整和安全所进行的军事活动，以及与军事有关的政治、经济、科技、教育等方面的活动。国防支出是国家财政通过对国民收入的再分配形成的。尽管人们在国防预算支出的规模大小问题上会持不同的意见，但几乎没有人怀疑政府用于国防的某些支出的必要性。国防是应该由政府提供的公共物品。第二，基础研究。基础研究是指认识自然现象、揭示自然规律，获取新知识、新原理、新方法的研究活动。主要包括：科学家自主创新的自由探索和国家战略任务的定向性基础研究；对基础科学数据、资料和相关信息系统地进行采集、鉴定、分析、综合等科学研究基础性工作。② 基础研究作为一种知识的创造，是重要的公共物品。第三，反贫困。反贫困是一个同时具有经济理论与政策实践双重涵义的概念。从反贫困的过程来看，对反贫困的表述主要有三种：减少贫困、减缓贫困和消除贫困。减少贫困强调减少贫困人口的数量；减缓贫困强调反贫困的重点在于减缓贫困的程度；消除贫困则强调反贫困的目的是最终消除贫困。中国在其反贫困过程中，习惯于用“扶贫”来表示反贫困的具体行为过程。由于反贫困是一项庞大的工程，依靠个人的力量不能消除贫困，市场也不能解决贫困问题，所以反贫困是一种公共物品。

共有资源是指具有竞争性和非排他性的物品或资源。共有资源和公共物品一样没有排他性：想使用共有资源的任何一个人都可以免费使用。但是，公共资源有竞争性：一个人使用共有资源减少了其他人对它的享用。重要的共有资源包括：清

---

① 曼昆．经济学原理：第2版[M]．梁小民，译．上海：生活·读书·新知三联书店，2001．有关公共物品的相关知识我们在本书第三章已经做了介绍。

② 引自2006年10月科技部发布的《国家“十一五”基础研究发展规划》。

洁的空气和水、石油矿藏、拥挤的道路等。①

公共物品和共有资源都是不同形式的公共利益的载体。公共物品和共有资源的层次性和多样化实际上代表着公共利益的层次性和多样化。公共物品和共有资源作为公共利益的载体或表现形式,使公共利益具体化,社会公共利益不再是一个抽象的概念,而是成为一种社会现实。

二、国家干预

国家干预作为经济法的重要范畴,主要是因为经济法是体现国家干预之法。尽管到目前为止学者们对经济法的性质仍有不同的看法,但经济法作为国家干预之法的基本特性大家几乎没有异议。经济法在资本主义国家的产生就是源自于国家对经济生活的干预。资本主义经济法"就是在资本主义社会,为了以'国家之手'(代替'无形之手')来满足各种经济性的,即社会协调性要求而制定之法。"②我国社会主义经济法当然也是体现国家干预的法,但由于我国社会制度的性质,以及经济体制和经济发展模式的现实特点,使得我国经济法所体现的国家干预与资本主义市场经济条件下的国家干预表现出了不同的特点。

(一)国家干预思想的历史演变

西方市场经济理论的形成和发展,就其主流而言,迄今大体经历了三个阶段:第一阶段,重商主义的国家干预主义,从 16 世纪到 18 世纪中期,大体经历了两个半世纪;第二阶段,古典经济学的经济自由主义,从 18 世纪下半期到 20 世纪初期,前后一个半世纪之久;第三个阶段,现代经济学的国家干预主义,从 20 世纪 30 年代至今。第一阶段是对中世纪封建专制主义和自然经济制度的批判和否定;第二阶段是对重商主义的批判和否定;第三阶段则是对经济自由主义的批判和否定。上世纪 70 年代以来,出现了对凯恩斯的国家干预主义的越来越多的批判,但有学者认为,这些批判还不足以结束一个旧阶段或开辟一个新阶段。③

1. 重商主义的国家干预主义

重商主义是对资本主义生产方式的最初的理论探讨,是西方近代经济理论的最初形式,也是西方市场经济理论的最初形式。它产生和发展于欧洲资本原始积累时期,反映这个时期商业资本的利益和要求。产生重商主义的经济条件在于西方商品货币关系的迅速发展和对外扩张。15 世纪末,西欧社会进入封建社会的瓦解时期,资本主义生产关系开始萌芽和成长;地理大发现扩大了世界市场,给商业、

① 曼昆.经济学原理:第 2 版[M].梁小民,译.上海:生活·读书·新知三联书店,2001.

② 金泽良雄.经济法概论[M].满达人,译.兰州:甘肃人民出版社,1985.

③ 晏智杰,王志伟,杜丽群.西方市场经济理论史[M].北京:商务印书馆,1999.

航海业、工业以极大刺激；商业资本发挥着突出的作用，促进各国国内市场的统一和世界市场的形成，推动对外贸易的发展；与商业资本加强的同时，西欧一些国家建立起封建专制的中央集权国家，运用国家力量支持商业资本的发展。随着商业资本的发展和国家支持商业资本的政策的实施，产生了从理论上阐述这些经济政策的要求，逐渐形成了重商主义的理论。重商主义的目标是积累尽可能多的财富，而财富的最重要形式在他们看来就是金银货币；为此他们要求国家保护和干预；早期重商主义主张国家以行政和法律的手段直接控制货币运动，即所谓“重金主义”；晚期重商主义则主张国家以各种手段促进对外贸易，保障贸易顺差，即所谓“贸易顺差论”。

重商主义是国家干预思想的最早期形态。尽管这种早期的国家干预思想从理论到实践存在许多的缺陷和漏洞，但有学者仍然对其给予了中肯的评价：“在资本主义生产方式的早期阶段，原始积累的各种方法都是广泛地利用国家干预经济生活的方法。正如马克思所说：‘所有这些方法都利用国家权力，也就是利用集中的有组织的社会暴力，来大力促进从封建生产方式向资本主义生产方式的转变过程，缩短过渡时间。’[①]重商主义者是早期资本主义生产方式的理论家，他们深切地感到，处在幼年时期的新的生产方式还难以独立行走，它在学步时还必须依靠国家之手的搀扶。在重商主义者看来，国家之手这一只看得见的手是资本主义生产方式存在和发展所不可缺少的，经济生活需要这只有形的手来直接干预。”[②]

2. 古典经济学的经济自由主义对国家干预的批判

随着资本主义经济的不断发展，市场逐步扩大，需求不断增加，工场手工业已不能满足日益扩大的需求。到了18世纪，产业革命兴起，立足已稳的资本主义展现出生机勃勃的前景，资产阶级完全能够依靠自己的力量发展经济。因此，自由放任主义开始抬头，重商主义理论及其政策已不符合经济发展的需要，对商业资本主义的发展曾发挥过重大作用的国家干预主义此时不仅不利于市场经济的进一步发展，而且日益成为社会经济发展的体制障碍。经济自由主义取代重商主义，已是商业资本向工业资本转变的必然结果。1776年，亚当·斯密出版了《国民财富的性质和原因的研究》一书，这标志着经济自由主义时代的到来。在其后直到20世纪30年代的一百多年里，经济自由主义一直居于西方经济学的主流地位。经济自由主义的核心思想在于论证自由竞争市场经济模式是实现资源配置的唯一方式，说明该模式在推动社会生产力、提高经济效益和增进社会福利等方面具有巨大的优越性。经济自由主义的一个基本信念和基础是资产阶级个人主义哲学。经济自由

---

① 马克思恩格斯全集：第23卷[M]. 北京：人民出版社，1972.

② 吴易风. 经济自由主义和国家干预主义论争的历史考察[J]. 当代思潮，2002(2).

主义的另一个前提是经济合理性原则。即认为个人在经济社会中都应该按合理性原则行事,就是说,个人不仅追求个人利益,而且要求个人利益最大化。亚当·斯密的经济人学说对此作了最早的、比较完整的阐述[①]。亚当·斯密的"看不见的手"的著名论断应该被看作是对经济自由主义的更深层次的说明。斯密认为,在商品经济中,每个人都以追求自己的利益为目的,在一只"看不见的手"的指导下,即通过市场机制自发作用的调节,各人为追求自己利益所做的选择,自然而然地会使社会资源获得最优配置。[②] 古典经济学的经济自由主义在19世纪中晚期达到它的鼎盛时期,自1890年代以后古典经济学被新古典经济学所取代,但无论在理论上还是政策主张上,新古典经济学都是对古典派的强化和发展。[③]

经济自由主义的基本要求和主张是自由放任,国家不干预和少干预经济生活。他们从一种"完全自由竞争市场"的前提出发,从各方面论证了经济自由和市场机制的优越性。当然,他们也不是完全不要政府,他们要的是能为资产阶级发财致富创造良好条件的高效廉洁的政府。在他们看来,政府在经济事务中应当充当"守夜人"的角色。

3. 现代国家干预主义

19世纪末20世纪初,资本主义由自由竞争阶段发展到垄断阶段。由于垄断打破了原来自由竞争的局面,原来维护市场均衡的价格规律、供求规律、竞争规律不能充分发挥作用,社会生活中的不协调性日益突出,以至经常爆发经济危机。1929—1933年席卷整个资本主义世界的经济危机从根本上动摇了延续一个半世纪之久的经济自由主义。为了应付这场危机,西方主要资本主义国家被迫尝试采取国家干预经济的措施,尤以美国罗斯福总统的"新政"最具代表性。形势的发展和政策的变化呼唤新的经济理论为之论证并进而提出新的对策,凯恩斯主义经济学应运而生。1936年,凯恩斯出版了《就业、利息和货币通论》,提出了以政府干预为基础的一般就业理论及政策措施。凯恩斯经济理论是对市场机制的新认识,他看到了自由竞争市场的某些缺陷,并提出了医治失业的根本方略,应该说,在战后几十年间,西方主要资本主义国家奉行凯恩斯主义经济政策是有成效的,从而他的理论的问世也标志着经济自由主义时代的结束和新的国家干预主义时代的开始。自20世纪70年代以来,资本主义世界普遍发生的滞涨又对凯恩斯主义提出了挑战,新自由主义经济学纷纷出现,企图恢复过去一度占据统治地位的经济自由主义

① 亚当·斯密. 公民财富的性质和原因的研究:上卷[M]. 郭大力,王亚南,译. 北京:商务印书馆,1972.

② 亚当·斯密. 公民财富的性质和原因的研究:下卷[M]. 郭大力,王亚南,译. 北京:商务印书馆,1974.

③ 晏智杰,王志伟,杜丽群. 西方市场经济理论史[M]. 北京:商务印书馆,1999.

的地位,但事实证明,自由竞争市场经济的固有缺陷,不容资本主义国家轻易放弃干预,重蹈自由主义引起大量失业和经济衰退的覆辙,在可以预见的未来,国家干预主义仍然会是西方国家经济理论和经济政策的主流,当然,经济自由主义思潮也不会完全寿终正寝,两种思潮并存和互有消长的格局还会继续下去。①

(二)中国社会主义市场经济条件下的国家干预

中国社会主义市场经济体制的建立,既是中国经济体制改革的目标,也是经济体制改革的巨大成果。在社会主义市场经济体制之下,国家干预不仅需要,而且具有特殊的意义。

首先,在中国特色社会主义市场经济发展过程当中,只有通过有效的国家干预手段才能更好的保证和现实其社会主义性质。中国的改革始终要坚持社会主义方向,这是一个历史性的正确的选择。柏林墙的倒塌,曾被西方社会看作是马克思主义本身的破产,此后,苏联解体,俄罗斯重新走资本主义道路,更被认为是社会主义制度和社会主义计划经济体制的彻底失败。面对东欧剧变,有人甚至把社会主义说成是“通向资本主义的痛苦道路”②。中国的改革选择了走中国特色社会主义道路,反映了改革者的智慧和远见,中国社会主义市场经济发展的实践也充分证明了我们这一选择的正确性。目前,中国经济持续发展,经济总量已经居于世界第二位。相反,在奉行经济自由主义、被视为资本主义价值典范的美国,二战后,随着经济全球化的快速发展,其阶级差距逐渐扩大,阶级不平等加剧,正日益走向衰落。“在不久的将来,中国经济总量很有可能超越美国,成为世界第一经济大国。在这一背景下,世界正在关注其后的社会制度竞争”③。当然,也有人对中国特色社会主义市场经济体制的社会主义本质提出质疑,认为这种体制放弃了马克思主义原则,是变相的资本主义。如果说放弃,中国社会主义市场经济体制放弃的仅仅是不适合中国实际的教条,“并不意味着放弃社会主义的一些基本价值——机会平等、对充分就业的重大关心、社会保障等等”④。对共同富裕的追求仍然是社会主义市场经济体制的基本价值。同时,我们也没有放弃马克思主义。尽管马克思不能够预见21世纪中国经济社会发展的情况并对其作出科学的论述,但马克思主义对社会发展规律的揭示,特别是对资本主义本质的认识是深刻的,“截止目前,马克思依

① 晏智杰,王志伟,杜丽群.西方市场经济理论史[M].北京:商务印书馆,1999.

② W.布鲁斯,K.拉斯基.从马克思到市场:社会主义对经济体制的求索[M].银温泉,译.吴敬琏,校.上海:上海三联书店社,1998.

③ 马丁·沃斯勒.制度竞争和自身缺陷的双重结果——美国民主遭遇困境的必然性[J].人民日报,2015-8-15(10).

④ W.布鲁斯,K.拉斯基.从马克思到市场:社会主义对经济体制的求索[M].银温泉,译.吴敬琏,校.上海:上海三联书店,1998.

然是资本主义制度最深刻最尖锐的批评家。”①资本主义社会日益衰落的发展趋势也证明了马克思主义的洞见。所以，中国社会主义市场经济的发展离不开国家干预。这不仅仅是因为市场经济的固有缺陷需要国家干预，更重要的是因为实现公平正义的社会主义价值需要国家干预。

其次，在中国特色社会主义市场经济体制下，国家干预同样需要尊重经济规律，维护市场法则。发展社会主义市场经济需要国家干预，但实施国家干预必须合理、适度。市场经济具有普遍性的规律，发展社会主义市场经济同样需要遵循这些基本的规律。所以，我们在经济改革中对国家干预的前提要有明确的认识，对国家干预的范围和程度要有准确的把握。《中共中央关于全面深化改革若干重大问题的决定》指出：“经济体制改革是全面深化改革的重点，核心问题是处理好政府和市场的关系，使市场在资源配置中起决定性作用和更好地发挥政府作用。”《决定》从政策上明确了政府和市场的关系，使我们认识和确定国家干预范围和程度的基本依据。目前，在我国经济发展中政府和市场的关系仍然界定不清，政府职能模糊，政府越位和缺位的情况并存，国家干预手段使用缺乏规范，随意性较大。认真研究和深刻认识社会主义市场经济条件下的国家干预问题仍然是我们需要面对的重点课题。

（三）经济法体现国家干预的方式

国家干预是经济学的重要范畴，也是经济法的重要范畴。但后者是以前者作为基础的。如果说作为经济学范畴的国家干预是表现为一种经济行为的话，那么经济法范畴的国家干预就是反映对这种行为的确认、限制和保障。

经济法体现的国家干预有两种具体的形式：宏观调控和市场规制。关于宏观调控和市场规制的具体内容，我们在本书的相关章节已经做了详细的论述。

经济法体现的国家干预有三种基本的法律实现方式：权力的授予、权力的规范和权力的监督。

首先，权力的授予，就是对履行国家干预职能的主体的法律地位及其职权范围作出规定。国家干预是公共权力，“在公共领域，任何权力的存在都会导致支配性的效果，影响到人民的切身利益，因此必须从权力的来源上证明其合法性。”②国家干预行为一般是由政府部门实施的，因此，实现政府权力法定化意义重大。2014年10月中共十八届四中全会通过的《中共中央关于全面推进依法治国若干重大问题的决定》指出：“行政机关要坚持法定职责必须为、法无授权不可为”，这是对社会主义市场经济条件下政府部门依法履行国家干预职能的基本政策要求。在我国反

① 乔拉森·沃尔夫. 21世纪，重读马克思[M]. 范元伟，译. 北京：清华大学出版社，2015.

② 刘剑文，雄伟. 财政税收法：第5版[M]. 北京：法律出版社，2009.

映国家干预内容的相关经济立法当中，有关权力授予的规定是十分普遍的。比如，《中华人民共和国人民银行法》是重要的金融法律，该法律中关于中央银行地位和主要职责的规定，就是重要的授权性规定。① 人民银行是我国的中央银行，它是政府对宏观经济施以调节的重要机构之一，人民银行对货币政策的制定和实施就是重要的国家干预手段。

其次，权力的规范，就是对国家干预权力的运行过程及其程序进行规范。国家干预行为的实施必须依法进行，国家干预行为的运行过程要符合既定的程序和原则。经济法律对国家干预的运行过程的规范主要体现在程序性的规定方面，通过严密的程序要求，防止权力滥用，保证国家干预行为的效率。《中华人民共和国预算法》是典型的凸显程序性内容的经济法律，关于程序性的规定构成了全部法律的主要内容。预算法是规范政府收支行为的法律，政府收支行为通过财政活动得以实现。财政权力是国家权力的重要方面，作为国家干预基本形式之一的财政政策，正是通过财政收支活动具体体现出来。预算法通过对预算编制、预算审查和批准、预算执行、预算调整以及结算等程序性的规定，对整个财政收支活动的过程进行预先的控制，保证财政权力运行规范、高效，实现预定的财政目标。

再次，权力的监督，就是对国家干预权力合规性的审查以及对不当干预行为的处理。国家干预行为依法进行，这是市场经济体制下政府权力运行的基本原则和基本要求。但在现实经济生活中，基于政策依赖的国家不当干预行为经常发生。比如，2008 年的政府四万亿投资计划，其合法性至今受到质疑。2008 年，面对全球性的金融危机中央政府采取了积极的财政政策，投资四万亿财政资金用于民生工程、生态环境和基础设施建设，以此促进经济增长和保障就业。有学者认为，这四万亿投资属于公共财政的范畴应纳入公共财政的管理，但从现实投资的情况来看，并没有做到这一点。这反映了我国人大监督的缺失、预算法定原则的弱化以及《预算法》中有关预算监督条款的虚置。② 我们无意于对该项计划的结果及其影响作出太多的评价，但因该项计划所引发的问题，特别是关于政府权力监督的问题，的确值得我们认真的思考。

经济法所体现的国家干预，既反映在立法层面，也反映在法律的执行、适用及法律责任的承担等各个环节，它是一个包含了多方面要素的综合性范畴。

三、国民经济运行

经济运行是经济学的重要范畴，也是经济法的一个基本范畴。经济法作为体

① 《中华人民共和国人民银行法》第二条、第四条。

② 陈少英.《预算法》修订中若干预算监督问题之探讨——以“四万亿”投资为切入点[J].甘肃政法学院学报，2012(5).

现国家干预的法律部门与经济运行密切相关:经济法的产生是政府运用“国家之手”干预和调节经济运行的结果;经济法的目标就是保障经济运行的效率;经济法的作用受到经济运行规律的制约;经济法的地位因经济运行周期的不同阶段而有不同的变化;各国经济法的构造受到各国经济体制和经济运行方式的广泛影响。等等。总之,经济运行是经济法的基础。在经济法理论研究过程当中,学者们也大都是围绕经济运行来建构自己的经济法学理论体系。比如,杨紫烜教授把经济法的调整对象与经济运行直接联系,认为“在国家协调的本国经济运行过程中发生的经济关系应该由经济法调整。”①刘瑞复教授更是认为经济法就是“国民经济运行法”,并以独特的视角来认识经济法的性质。② 国外的一些学者也清楚地认识到了经济法与经济运行的相关性,日本学者金泽良雄指出:经济法规制的对象就是经济生活。“作为经济法对象的经济生活,是涉及到生产、交换、分配、消费等经济循环的全部过程”。③

(一)国民经济及其运行的含义

国民经济是“指一个国家社会经济活动的总称,是由互相联系、互相影响的经济环节、经济层次、经济部门和经济地区构成的。国民经济这一概念突出强调经济的整体性和联系性。”④

从现实社会经济活动整体来看,国民经济可以分为两个层次,三个基本组成部分。⑤ 两个层次,即宏观经济与微观经济。宏观经济是指整个国民经济总量及其运行,包括社会总供给与社会总需求的变动及国民生产总值的状况等。微观经济则是指企业及其居民等个量经济单位的经济活动。宏观经济与微观经济共同构成了社会经济运行的两个层次。国民经济的三个基本组成部分是市场、微观基础和政府。市场是现代市场经济的中心,是经济运行的基本动力。在现代市场经济条件下宏观调控的作用主要通过市场机制来实现,政府的宏观调控信号要通过市场来传导,企业的微观活动信息要通过市场来反映。政府宏观调控效率如何,不仅决定于政府本身,而且决定于市场体系是否健全,市场机制是否完善,市场组织是否成熟,市场规则是否有序。在宏观经济运行中,市场具有基础性的调节作用和推动作用。这种作用主要是对社会经济资源进行有效配置,自动调节供求关系,反映和传递宏观经济信息来实现的。市场要充分有效地发挥上述作用,必须构成一个完

① 杨紫烜.国家协调论[M].北京:北京大学出版社,2009.
② 刘瑞复.经济法:国民经济运行法:第2版[M].北京:北京大学出版社,1994.
③ 金泽良雄.经济法概论[M].满达人,译.兰州:甘肃人民出版社,1985.
④ 赵如林.市场经济学大辞典[M].北京:经济科学出版社,1999.
⑤ 谢志强.政府干预理论与政府经济职能[M].长沙:湖南大学出版社,2004.

整、统一、开放、公平、有效的市场体系。微观基础是现代市场经济的主体,包括企业和居民,主要是企业。它是宏观经济的基本构成要素。宏观经济总量及其结构的变化,最终取决于微观经济个量的变化。宏观经济是国民经济的总体活动,它由众多相互联系、互相制约的微观经济主体的分散活动集合而成。宏观调控的着眼点是国民经济的总体运行过程,但其最终要落脚于对微观经济活动的调节和控制上。通过调节和控制,把个别的、分散的微观经济活动与总体经济运行的目标衔接起来,实现国民经济的持续、稳定、健康发展。在市场经济中,微观基础应该是能对市场调节和宏观调控信号做出敏感反映的独立的市场主体。政府对现代经济活动具有重要影响,特别是在宏观经济运行中,政府不仅是宏观经济的一个组成部分,而且是宏观经济的主体,政府的经济行为和管理行为对宏观经济运行的影响很大。宏观经济控制实际上是以政府调控市场、市场引导企业为基本路径,政府、市场、微观经济主体构成宏观调控系统的基本框架。

(二)国民经济的运行体系

国民经济的运行体系,从国民经济管理的角度可以有以下三个主要的系统①:

1.投入与产出系统。国民经济的投入与产出,是影响国民经济运行的两种基本变量,同时,国民经济运行的变化,其实质是投入与产出在数量、质量、结构上变化的表现。从投入与产出的关系来看,投入决定产出,而产出又制约或推动后期的投入,投入与产出形成一种相互制约和相互推进的机制,从而形成国民经济的运行。

2.政府、企业与市场系统。政府、企业与市场构成国民经济并使之运行的组织主体,它们三者的经济活动和管理活动是推动国民经济运行的力量源泉。在市场经济条件下,政府、企业与市场之间存在着相互依存、相互促进,又相互制约的关系。由于它们有着各自不同的行为选择和评判标准,使国民经济运行始终呈现出复杂多变的状态。研究政府、企业、市场行为及其相互影响是从较深层次上分析国民经济运行状态及其成因的基本途径。

3.收入与消费系统。收入与消费系统,也是国民经济运行体系的重要组成部分。从总体上讲,收入决定消费,但消费发展也会影响产出,从而影响收入的高低和结构。因此,政府一方面要进行收入调节,另一方面要进行消费导向,使二者形成良性循环。所谓收入调节,就是按照一定的原则,对收入分配的全过程进行控制、干预和管理。所谓消费导向,就是利用一些政策措施对个人收入消费的引导和管理。其中包括方向引导、总量控制和结构调节管理等内容,其目的是为了使消费

① 龚广才.国民经济管理学[M].西安:陕西人民出版社,1997.

发展有利于促进经济发展,以及实现健康消费、理性消费和文明消费等。

上述三大系统,既相互依赖由相对独立运行,构成了国民经济的运行体系。

(三)国民经济的运行规律

在国民经济运行过程中,经济增长经常出现一种上下波动的循环现象,经济学将此现象称之为经济周期。它具有规律性,是国民经济运行的常态。经济周期表现为整个经济的波动,反映在国内生产总值、投资、就业、利率、汇率、贸易量、资本流动、国际收支等各个方面,但其中心始终是国内生产总值的波动。其他经济变量都围绕这一中心变动,所以,确定经济周期时依据的唯一标准是国内生产总值。经济波动实质上是实际国内生产总值与潜在国内生产总值(经济长期增长趋势)之间的背离。两者之间的背离程度越大,经济周期波动就越严重。每一个经济周期都可以分为上升与下降两个阶段。上升阶段也称繁荣,其最高点为顶峰。这时经济达到最高涨时,实际国内生产总值大于潜在国内生产总值,物价上升。但顶峰也是经济由盛转衰的转折点。此后经济就进入下降阶段,下降阶段也称为衰退,如果衰退严重则经济进入萧条,衰退的最低点称为谷底。这时经济达到最低时,实际国内生产总值小于潜在国内生产总值,物价下降。但谷底也是经济由衰转盛的转折点。此后经济又进入上升阶段。从一个顶峰到另一个顶峰,或从一个谷底到另一个谷底,就是一次完整的经济周期。经济周期是对国民经济运行波动的规律性描述,有经济波动,才有经济周期,经济周期是经济波动的规律性表现。在现实中,每次经济周期的形成并不完全相同,时间长短不同,严重程度也不同,但每次周期都表现出上述特征,这就说明,经济周期与衰退的出现是正常的。当市场经济完全由市场机制自发调节时,经济出现周期性变动不可避免。①

经济的周期性波动,是经济运行中难以避免的现象。但周期性波动如果过于频繁,过于剧烈,会对国民经济与社会发展造成严重的不利影响。研究经济运行的周期波动,把握其规律性的目的在于切实有效地改进宏观经济管理,“弱化”经济周期中的过度波动,使国民经济能够长期持续稳定地发展。所谓“弱化”经济周期是指采取各种宏观经济调控手段,使经济增长波动的波幅不要过大,使经济增长周期中上升阶段和下降阶段的时限拉得长一些,避免经济运行中的大起大落。在我国社会主义市场经济条件下,经济的周期性波动情况也是存在的。我们弱化经济周期的主要对策是:制定正确的经济发展政策,防止盲目追求高速度;在调控国民经济运行的宏观政策上,主要是制定并执行正确的财政政策和货币政策。

(四)经济法对国民经济运行的法律调整

经济法对国民经济运行的法律调整,总体上讲应该是全方位的系统性调整。

---

① 梁小民.经济学是什么[M].北京:北京大学出版社,2001.

但从调整的层次上看，与国民经济运行的两个层次相适应，形成两个基本的法律系统，这就是市场规制法系统和宏观调控法系统。两个法律系统对国民经济运行的影响是有所区别的。市场规制法规范的主要是微观个量经济，通过对个量经济中的经济关系的调整影响国民经济的运行。宏观调控法规范的主要是宏观总量经济，通过对总量经济中经济关系的调整影响国民经济的运行。

在现实中，经济法对国民经济运行的法律调整是通过每一个具体的经济法律规范的分别调整来实现的。但国民经济是一个完整的体系，国民经济运行作为一个系统，具有整体性，因此，以国民经济运行中经济关系作为调整对象的经济法律，在制定的时候，必须注意各个具体法律规范互相之间在价值上的统一，强调经济法律体系内部的价值协调。在对每一个经济法律进行价值评估的时候，也应该把它放在整个经济法律体系当中去认识和评价。同时，每一个经济法律规范的价值要与国民经济运行本身的要求相统一。比如，我们对税法所体现的公平价值作判断的时候，不仅要从财政分配的角度来考察，更要从整个社会经济的角度来考察。因为，税收作为国家参与和干预国民收入分配和再分配的手段，与社会经济生活的各个领域和国民经济运行的各个环节密切相关。当经济活动所决定的分配已经是公平的，税法所规范的税收分配就应以不干扰这一分配格局为公平；当经济活动决定的分配被证明是不公平的，则公平的税收就应以矫正这一分配格局为目标。有时会出现这样的情况：从财政税收的角度来看是公平的，但从社会和经济的角度来看却是不公平的，这时必须通过调整税制和修改税法来适应经济和社会公平的要求，而不是相反。①

我们在研究国民经济运行的经济法律调整的时候，既要认识法律现象的经济逻辑或法律现象的经济条件，更要把握经济现象的法律逻辑或经济现象的法律条件。认识法律现象的经济逻辑，就是要明确经济对法律的决定作用，使法律活动尊重经济规律。把握经济现象的法律逻辑，就是要掌握法律对经济的反作用，使法律活动彰显出更大的能动性。“经济关系决定着法权关系，这是经济现象的法律逻辑以及法律对经济关系发生反作用的基本前提和基础，但从经济关系内在演化出来的法律规则，既是经济关系的内在逻辑要求，也是经济关系发展的外在表现形式，同时也是经济发展的逻辑前提条件，在一定法律规则的作用下，经济的发展就逐渐排斥了偶然性或任意性的无序状态而取得了有秩序的发展。因此，经济现象不是逻辑自洽的封闭体系，经济现象中蕴藏着法律逻辑、法权观念，不同的经济现象孕育着不同的法权关系，人们通过发挥主体的主观能动性在总结和掌握客观经济规律的基础上形成法律规则并对经济关系发挥反作用，不同的法权关系同样影响着

① 陈共编. 财政学：第 6 版[M]. 北京：中国人民大学出版社，2009.

不同的经济关系，社会主体运用不同的法权安排就会产生出不同的经济发展绩效”①。

在我们以往关于国民经济运行的经济法调整问题的研究中，往往更多地注重法律现象的经济条件，而对经济现象的法律条件缺乏深刻的认识，这是我们的研究工作需要注意的一个问题。

① 蔡宝刚.经济现象的法律逻辑——马克思法律反作用思想研究[M].哈尔滨：黑龙江人民出版社，2004.

第八章　市场规制法一般原理

第一节　市场规制法概述

一、市场规制法的概念和特征

市场规制法，是调整国家对市场进行规制过程中发生的经济关系的法律规范的总称。它是我国经济法体系中的一个重要组成部分。

规制一词是由英文 regulation 翻译过来的，意为以法律、规章、政策、制度来约束和规范经济主体的行为①。我国经济法理论中关于规制一词的使用，主要是借鉴日本的经济法著作，日本学者金泽良雄在其《经济法概论》一书中对经济法中的规制问题有专门的论述，他认为"经济法按其本质，应是以国家对经济干预之法为中心而形成的。""在这里可将这种'国家的干预'换言为'规制'一词"。② 显然，金泽良雄在此是从较狭义的角度使用"规制"一词的，以其所论，"国家干预经济之法"即就是："国家规制经济之法"。

在我国，市场规制法是指那些以克服"市场失灵"为目的，以微观经济行为为对象，直接作用于市场主体及其行为的法律规范，这些法律规范，包括了反不正当竞争法、反垄断法、消费者权益保护法、产品质量法等。目前，我国学界对这类法律规范的称谓尚不统一，多数学者称其为"市场管理法"，我们认为，"管理"一词行政色彩比较浓厚，不能完全反映这类法律规范的本质特点，因此，我们采用了日本学者惯用的"市场规制法"的称谓。

市场规制法作为我国经济法体系中的一个重要方面，有以下基本的特征：

第一，规制目的的特定性。市场规制法以治理"市场失灵"为已任，通过国家反垄断，反不正当竞争，通过对市场主体的市场进入与退出以及对产品价格、产品质量等进行限制性的控制，实现对市场竞争的强制性干预，以排除市场障碍，让市场机制充分发挥对经济的调节作用，维护合理的市场秩序，保障经济的协调、稳定发展。

---

① 陈富良. 放松规制与强化规制[M]. 上海：上海三联书店，2001.

② 金泽良雄. 经济法概论[M]. 满达人，译. 兰州：甘肃人民出版社，1985.

第二，规制范围的微观性。市场规制法就其作用而言，虽然也对宏观经济产生影响，但其直接对象是微观经济行为。它通过对市场主体经济行为的刚性约束，促使其实现“理性竞争”。市场规制法直接作用的不是经济总量和经济全局，而是经济活动的某一层面或某一局部，但这种对经济活动某一局部的规制和调适，又是实现经济总量平衡和整体协调的基础。

第三，规制方式的直接性。市场规制法运用许可、禁止、限制等各种手段对市场主体的经济行为进行直接规制，使其对市场要素产生直接影响，这也就使它和那些需要假以经济杠杆来间接影响和调控经济生活的宏观调控法相比更具有刚性特点。

二、市场规制法的理论基础

市场规制法的理论基础，是市场规制法得以存在和发展的思想前提。由于各国市场经济建立的条件不同，市场法制发展的模式各异，因此，对市场规制法的理论基础的认识和阐释也就存在着较大的差异，我们认为，从市场经济和市场法制发展的普遍性规律和历史过程来看，产生于20世纪的西方现代产权理论是现代市场规制法的理论基础。

长期以来，古典和新古典学派的理论认为，在私有制条件下，企业在利润的驱动下提高生产效率和销售效率，而市场作为一种有效的机制，在促进企业积累内部经济资源的过程中，会导致经济资源——资本、劳动力、土地及其自然资源——在各产业间实现优化配置，从而促进技术不断进步。既然市场机制可以自动且有效地配置资源，提高经济效率，那么任何对经济的干预都是没有必要的。但是，必须指出的是，市场机制的有效性是建立在多项前提假设的基础上的，这些前提条件在现实的经济运行中并不完全具备，因而市场机制并不能实现它在理想条件运行中可能趋向的目标。市场机制不是万能的，市场的种种缺陷导致了国家对其进行参与和干预的必要性。由此可以认为，市场机制失灵是微观规制以及现代市场规制法制产生的原因。

早在1937年，科斯就在《企业的性质》一文中从交易费用的角度讨论了市场与企业组织的关系。1960年以后，随着“滞胀”问题的日益严重，以科斯《社会成本问题》一文的发表为标志，从经济学角度去分析产权制度、消费者权益保护、产品责任制度、损害赔偿制度等法律的研究日益兴盛起来。这一系列的研究形成了“法与经济学”。目前，这类研究涉及到多种法律制度领域，并且又发展出了新制度学派经济理论、公共选择理论和批判法学等研究领域。“法与经济学”研究所论及的现代产权理论，对我们理解微观规制和现代市场规制法的必要性提供了重要的思路。

科斯、阿尔钦和德姆塞茨指出，产权是指属有经济资源（资本、劳动力、土地及其他自然资源等)以及使用这些资源所生产出来的物品和服务的排他性权利和从事这些权利买卖的权利。当这种权利变成无条件的绝对的权利时,就产生了"权利完全明晰化"。兰德(Randall)进一步将"明晰化的产权"的条件概括为:(1)排他性;(2)转移的可能性(自由性);(3)特定性(对特定人的产权的完全的特定化,"完全的"是指产权的所属及对违反权利处罚具有完全的信息);(4)强制性。在这里,排他性和转移的可能性构成市场交换的基础,而特定性构成"全部物品和服务经由市场进行交易的市场的普遍性"的基础,强制性则在"不能强制的权利不能称之为权利"的意义上构成产权概念的基础①。这样,产权作为市场机制的基础,只有当具备如下的市场条件时,完全以市场机制配置资源才是有效率的。

首先,从市场机制基础的确立来看,市场定价需要明确制定产权和行使产权,这就必须使对物品和服务数量的度量成为可能,而且随之产生的权利必须是排他性的,以及必须存在一种实现机制去维持市场交易。"市场交易的基础——使交易成为可能的——是一个复杂的法律结构及其实施。"②国家的一个重要经济职能之一就是为不同的经济主体界定不同的产权,制定一套市场游戏规则(诺斯,1981)。离开产权,人们无法确立市场的基础,同样,离开国家和法律制度,人们又很难对产权、进而是对市场机制做出有效的分析。

其次,从整体经济的市场成就来看,在竞争性市场机制条件下,由于人的合理行为的限度和机会主义,市场的复杂性和不确定性等人类行为和市场环境方面的因素,以及由此派生出的信息不对称的客观存在,必然导致在公共物品供给、外部效应、自然垄断、不完全竞争、风险、信息扭曲及非价值物品等方面的市场缺陷。这些市场缺陷严重影响到整体经济效率的提高,因而必须由国家对其进行干预。

西方现代产权理论为国家对微观经济的规制提供了理论依据,也为市场规制法制的建立奠定了理论基础。

三、市场规制法的地位与调整方法

(一)市场规制法的地位

市场规制法的地位,从广泛意义上讲是指其在市场经济法律体系中的地位,以此为出发点,要认识市场规制法的地位,就必须把其放在市场经济法律体系的大系统中,通过与相关法律部门的比较分析来认识和把握。而市场经济法律体系是一个外延非常广泛的概念,它除了部门法意义上的经济法之外,还包含了民商法、行

---

① 植草益.微观规制经济学[M].朱邵文,等,译.北京:中国发展出版社,1992.

② R·科斯,A·阿尔钦,D·C·诺斯.财产权利与制度变迁——产权学派与新制度学派译文集[M].刘守英,等,译.上海:上海三联书店,1994.

政法等法律部门的某些方面。显然,这已经超越了本章所要研究的范围。在此我们主要是从狭义上来分析市场规制法的地位,也就是在经济法的框架内,通过市场规制法与经济法的其他主要方面,如宏观调控法的比较分析中来认识其必要性和重要性。

市场规制法和宏观调控法是经济法的两个基本方面,都是国家干预经济的法律形式,但是二者之间也存在着差异,主要表现在以下几个方面:

1.体现国家干预的层次不同。宏观调控法体现的是国家对总量经济的干预,市场规制法则体现的是国家对个量经济的干预。

2.产生的原因不同。宏观调控法是经济总量失衡的产物,是国家为了减少市场非均衡所引起的失业、通货膨胀和收支失调等经济波动,使资源得到充分利用而制定的旨在保证经济稳定增长的法律规范。而市场规制法则是市场机制失灵的产物,是国家为克服市场失灵对经济发展的影响而制定的法律。

3.法律规范的特点不同。宏观调控法侧重于运用授权性规范,而市场规制法则侧重于运用义务性规范和禁止性规范。

市场规制法和宏观调控法所表现出来的差异性,一方面反映了市场经济结构的复杂性,另一方面也反映出了经济法作用于市场经济关系时在调整手段和调整方法上的多样性。

我们在认识市场规制法与宏观调控法的差异性的同时,也要认识到二者相互联系的方面。由于市场规制法和宏观调控法是体现“国家之手”解决市场机制失灵和经济总量失衡问题的法律规范,都蕴含着国家干预经济的理念和精神,因此,二者在作用的范围和价值追求方面存在着共同性。比如反垄断法中的结构规制,虽是一种市场规制手段,却可以起到宏观调控的效果。又如税法中的遗产税,虽是一种宏观调控的手段,却可以为市场竞争营造出起点公平的条件等。

市场规制法是经济法律中的一个基本方面,并且是最早出现的经济法律规范,长期居于西方资本主义国家经济法体系的核心地位。当前虽然各国都更重视运用宏观调控手段来调节经济,在经济法体系中宏观调控法的地位正在上升,但无论哪个国家,只要实行市场经济体制,市场规制法就不可或缺,它将始终是市场经济运行的基础性法律。

(二)市场规制法的调整方法

市场规制法是以克服市场缺陷为目的的法律制度,由于市场缺陷的多样性表征,决定了市场规制法在调整方法上的多样性和层次性特点。

1.积极性规制与消极性规制。积极性规制是通过制定和实施交易和竞争中应为或可为的规则,从正面引导市场主体按照法定的有效要件实施市场行为;消极规制则是通过制定和实施交易和竞争中不应为或禁止为的规则,从反面限制或矫正市场主体的不当行为。在规制过程中,往往需要积极规制与消极规制的配合。

2.刚性规制与弹性规制。刚性规制是对受规制的主体不留选择的余地,必须依法作为或不作为,而弹性规制则给受规制主体留下一定的选择空间。在规制实践中,一般以刚性规制为主,弹性规制为辅。

3.直接性规制和间接性规制。直接性规制是指国家直接介入市场失灵的领域,干预经济主体的决策。而间接性规制则是采用"劝告"等方式制约阻碍市场机制发挥作用的行为。

4.激励性规制与惩罚性规制。激励性规制是利用增加可得利益的手段以鼓励受规制主体接受规制,惩罚性规制是利用处罚手段强制受规制主体接受规制。在规制实践中,惩罚性规制手段更具普遍性。

第二节　市场规制法的原则及体系

一、市场规制法的原则

市场规制法的原则是市场规制法基本宗旨的具体体现,是市场规制法的全部规范和法律文件,以及整个市场规制法制活动所应贯彻的指导性准则。根据市场规制法的性质和其特有的价值,我们认为其原则应有以下几个方面:

(一)弥补和矫治相结合的原则

市场规制法所调整和规制的领域实际上是市场机制失灵的领域,这一领域有两种状态,一是市场机制不能发挥作用的领域,即具有垄断、外部效应、公共物品、非价值物品等非竞争领域;二是市场机制可以充分调节但其作用的结果却不合社会需要的竞争领域。对于前者,市场规制法的作用主要体现在对市场缺陷的弥补,也就是对市场机制以外的经济行为提供理性的制度安排,使其更加符合"市场的普遍性原则"。对于后者,市场规制法的作用主要在于对市场行为的矫治,也就是对哪些存在于市场机制内部而背离市场原则和社会需求的经济行为和经济力量依法予以矫治,从而实现有效的竞争。

(二)有限规制原则

市场规制法有限规制原则的基础,就是政府微观规制行为的有限性。在市场经济发展过程当中,由于存在市场失灵,所以使政府规制成为必要,但如果政府规制不当或规制过度,又会破坏市场秩序。国内外市场规制发展的实践证明,政府规制也存在大量失效的情形。所以,从 20 世纪 80 年代开始,西方国家重新强调经济自由化,并对原来的政府规制思路做出了调整。

市场规制改革的思路有三条:一是放松规制。20 世纪 70 年代开始,以美国为首的西方国家发起了一场以放松规制为主要内容的规制改革运动。放松规制的内容,简单地说,就是在市场机制可以发挥作用的行业完全或部分取消对价格和市场准入的规制。二是引进激励性规制。三是确立和强化对规制者的规制。也就是说,要规范政府行为。

我国改革开放以来,在政府机构改革和政府职能的转变方面做出了很大的努力,但政府职能不清,行政效能低下的情况长期不能有效地解决。政府既是游戏规则的制定者,又是利益分配参与者的现象普遍存在。在政府对市场的规制方面,既存在着“越位”的情况,也存在着“缺位”的情况。目前,转变政府职能,改善和规范政府规制行为成为我国改革的一项重要任务,

中共十八届三中全会通过的《中共中央关于全面深化改革若干重大问题的决定》指出:“经济体制改革是全面深化改革的重点,核心问题是处理好政府和市场的关系,使市场在资源配置中起决定性作用和更好发挥政府作用。市场决定资源配置是市场经济的一般规律,健全社会主义市场经济体制必须遵循这条规律,着力解决市场体系不完善、政府干预过多和监管不到位问题。”《决定》的这些内容,将成为我们改革和规范政府规制行为的重要政策依据。

政府规制行为的有限性是现代市场经济发展的趋势和基本要求。政府规制有限性也成为市场规制法有限规制原则的基础。

按照改革的目标,在合理确定政府和市场关系的前提下,市场规制法的有限规制原则应该体现以下内容:其一,划定政府规制行为的边界;其二,规范政府规制行为的运用;其三,监督政府规制行为的效果。

(三)维护公平竞争的原则

维护公平竞争,是市场规制法的基本理念。无论是竞争法——反垄断法和反不正竞争法,还是市场规制法的其他方面,都是以维护市场竞争的公平为出发点和归宿的。特别是作为市场规制法核心的竞争法,更是体现以“国家之手”来维护公平竞争的基础性法律。在实行市场经济体制的西方国家,竞争法(主要指反垄断法)被称为“经济宪法”和“市场经济的大宪章”。① 在我国,竞争法的重要性已经越来越被人们所认识,而且我们相信,随着我国社会主义市场经济体制的逐步完善,竞争法在维护公平竞争方面的基础性作用将日益凸显。

需要指出的是,作为经济法另外一个重要组成部分的宏观调控法,也在维护公平竞争方面发挥重要作用,但这种作用发挥的方式与市场规制法不同,它主要是通

---

① 史际春,邓峰.经济法总论[M].北京:法律出版社,1998.

过间接的调控方式对市场主体的公平竞争创造一个良好的外部环境，而且维护公平竞争也不是它的唯一的职能。正是从这个意义上，我们把维护公平竞争确定为市场规制法的一个基本原则，以此体现它区别于宏观调控法的不同特点。

二、市场规制法的体系结构

市场制法的体系结构大体由以下三部分构成：①

（一）市场规制一般法

这部分法律主要有：(1)市场准入法，如企业登记法；(2)反不正当竞争法；(3)反垄断法；(4)消费者权益保护法；(5)质量规制法，如产品质量法，标准化法等；(6)价格规制法，如价格法、反暴利法等；(7)中介服务规制法，如广告法、拍卖法等。

这部分法律的特点是，其规制和调适的范围广泛，几乎涵盖了市场活动的整个领域和各个方面，是运用"国家之手"干预和规制市场经济关系的基础法律。

（二）市场规制特别法

这部分法律、法规主要有：金融市场监管法；劳动力市场监管法；房地产市场监管法；电信市场监管法等。

这部分法律的特点是：其规制和调适的范围具有特定性，是专门针对某种特定的市场制定的特别性法律。

（三）市场规制相关法

这部分法律、法规可以包括企业法、侵权行为法、合同法、知识产权法等。

这部分法律的特点是，其内容同其他法律部门具有交叉性，也就是说，这些法律从总体上可能属于其他法律部门的范畴，但其中的某些方面和某些内容，更适合市场规制法的原则与特点，比如，合同监管问题，既是合同法的内容，也是市场规制法体系的有机组成部分。

三、市场规制法的制度演进和立法现状

国家对市场进行某种干预、管制并为此制定一些法律规范的情况，在早期社会即有之，但作为国家调节经济的一种基本方式的现代意义上的市场规制法，是在19世纪末20世纪初才出现的。由于各国市场经济发展的模式不同，法制传统各异，因此在市场规制的法律形式和制度措施方面就存在着较多的差异，下面，我们仅以美国、德国、日本等三国为对象，分析以下市场规制法（主要是竞争法）在这三个国家的演进历程，最后对我国市场规制的立法状况作一些介绍。

---

① 王全兴，管斌．市场规制法的若干基本理论研究[J]．复印报刊资料：经济法、劳动法，2002(2)．

美国是市场规制法较为发达的国家，它的现代反垄断和限制竞争法律制度对其他市场经济国家产生过重大影响。从19世纪中叶起，美国经济从自由竞争发展到垄断阶段，少数大的托拉斯逐渐控制住了美国经济的命脉。托拉斯的形成和发展，威胁到中小企业的生存，引起了公众的恐惧和反感。为缓解因垄断而引起的尖锐矛盾，保障公平、有效的竞争，国会于1890年通过了第一部反托拉斯法，即《谢尔曼反托拉斯法》。谢尔曼法颁行后，政府有关部门和法院采取了解散大托拉斯的措施，但未能收到预期的效果。为了强化法制的力度，国会又于1914年颁布了《克莱顿法》和《联邦贸易委员会法》，尔后，美国又适时对这三部反托拉斯法进行了多次修订、补充和完善。此外，美国各州还可制定适用于本州的反托拉斯法。同时，美国在司法实践中还积累了大量有关反托拉斯的判例，这些判例又反过来丰富了成文法的有关规定，并成为后来适用的基础，从美国的经济发展历史来看，经过100多年的立法和司法实践，美国反托拉斯法对维护公平竞争，保护竞争者和消费者的合法权益，促进和保障经济与社会的协调发展起到了十分重要的作用。

德国是当代最发达的市场经济国家之一，也是从理论到实践上典型的社会市场经济模式国家。在形成社会市场经济模式的进程中，德国比较好地运用了法律手段，将其社会市场经济的内涵和规则，用法律的形式加以固定和制度化。1910年德国颁布了《钾矿业法》，它针对由于卡特尔的垄断使未进入卡特尔的同业者因竞争力不强而倒闭这一情况，采取国家扶持卡特尔的办法来拟制企业的新增设。这可算是德国最早的国家干预垄断的法律。第一次世界大战期间，德国于1915年颁布《设立强制卡特尔法》，1919年颁布《卡特尔规章法》。其主要内容不是反垄断，而是通过银行贷款或各邦当局行使权力以促进和强化垄断。1923年颁布《防止滥用经济力法令》，它是直接针对当时社会上日益高涨的反卡特尔呼声而作出的对于垄断和不正当竞争行为的某些限制，其目的是削弱卡特尔组织对市场的支配力。1934年德国还颁布了《卡特尔变更法》。自一战前后到二战结束，德国的反垄断立法总的倾向是对垄断加以宽容和维护，在扶持私人垄断的同时，国家也大量参与垄断，积极发展国家垄断资本主义。二战结束以后，情况发生了很大的变化。伴随着法西斯军国主义的覆灭，经济自由主义倾向日益加强，当时在美、英、法占领区，根据一系列特别指令，施行卡特尔法令和经济力过度集中排除法令，禁止卡特尔和康采恩，并对煤、钢铁、化学、银行、电影等部分的大企业实行分割。1957年，当时的联邦德国颁布了《反限制竞争法》（又称《反卡特尔法》）并经过几次修改，其中最重要的修改是1973年的修改。现行的德国反垄断和反限制竞争法，被认为是当今世界上最严厉的竞争政策之一，也是欧洲最为综合和运用最广的竞争政策。①

① 漆多俊．经济法基础理论：第3版[M]．武汉：武汉大学出版社，2002．

日本的经济法是世界上最发达的经济法之一，尤其以反垄断和反限制竞争立法最为典型。日本于明治维新以后的资本主义发展初期，在确立民法秩序的同时，国家对金融等部门的一些企业和某些产业实行保护和促进政策。一战时期，国家实行战时统制。一战以后为应付经济危机，在国家各项政策中，促进垄断是重要的一个方面。1625 年的《出口组合法》和《重要出口物品工业组合法》，是规制未加入卡特尔的组织使之从属于卡特尔的强制特别法。1931 年的《重要产业统制法》，1932 年的《工业组合法》等，都是促进卡特尔的法律。这一时期，在促进私人垄断的同时，国家还直接参与垄断，建立国有公司。国家对垄断的扶持和参与以及其他各种形式的国家干预，在 1937 年侵华战争爆发及第二次世界大战期间，发展到了极端的地步。二战结束以后，情势变化，美军占领时期实行非军事化、民主化，颁布了《公司解散限制等事宜》(1945 年)，《经济力量过度集中排除法》(1947 年)等法令，强令财阀解体。为防止将来垄断组织复活，1947 年制定了《禁止私人垄断法》。1952 年和平条约生效，日本又转而缓和、放宽对垄断的限制，并采取促进垄断的政策。1952 年制定了两个《禁止垄断法》的适用除外的法规，即《关于稳定特定中小企业临时措施法》和《出口交易法》。以后，关于适用除外规定的范围逐渐扩大(上述两个法规分别发展为 1953 年的《中小企业稳定法》、1957 年的《中小企业团体组织法》和《进出口交易法》)。即使《禁止私人垄断法》自身也于 1953 年作了大幅度的缓和性修改，明确承认“不景气卡特尔”和“合理化卡特尔”。日本的《禁止垄断法》于 1977 年又作了修改，其特点是禁止垄断和限制竞争的政策趋于加强。

从总体上看，西方资本主义国家的市场规制法作为其经济法的核心内容，经历了一个由低级到高级的层次性的演变过程。这个过程大体上可以分为三个阶段或三个层次：第一个层次是充分体现战争思想的市场规制法律，以德、日两国的法律最为典型，这是初级层次的市场规制法律。第二个层次是应付经济危机的市场规制法。这是为了应付经济不景气或其他意想不到的危机而被动制定的市场规制法。如西方国家始自美国《谢尔曼法》的反垄断法，“在相当晚近之前并无明确如一的指导思想，基本上只是针对时弊彷徨应对的产物。”①第三个层次是自觉维护经济协调发展的市场规制法。这是二战以后由于推行经济民主化(日、德为典型)，在西方国家日益形成的维护自由竞争的市场秩序，促进社会经济协调发展的较成熟的市场现制法。其主要标志是，市场规制法据以解决社会经济矛盾的宗旨和方式，已由干预、管制市场主体的自由意志和行为，转向尽可能创造充分、适度、公平的竞争环境以维护这种自由上来。

在中国，关于规范市场行为和市场秩序的法律、法规是随着改革的进行而逐步

---

① 史际春，邓峰. 经济法总论[M]. 北京：法律出版社，1998.

制定出来的。国家从1979年开始便发布了一系列有关的法律、法规。如《关于开展和保护社会主义竞争的暂行规定》(1980年)、《关于工业品生产资料市场管理暂行规定》(1981年)、《关于加强市场和物价管理的通知》(1983年)、《城乡集市贸易管理办法》(1983年)、《关于技术转让的暂行规定》(1985年)、《关于认真解决商品搭售问题的通知》(1987年)、《关于打破地区间市场封锁进一步搞活商品流通的通知》(1990年)等等。由于这些法规还没有脱离旧有的体制基础,因此从其职能上看,更多的具有管理的色彩。我国严格意义上的市场规制法是在市场化趋向的经济改革过程中建立和完善起来的。1993年2月22日,第七届全国人大常委会第三十次会议审议通过了《中华人民共和国产品质量法》,1993年9月2日,第八届全国人大常委会第三次会议审议通过了《中华人民共和国反不正当竞争法》,1993年10月31日,第八届全国人大常委会第四次会议审议通过了《中华人民共和国消费者权益保护法》,2007年8月30日,第十届全国人大常委会第二十九次会议审议通过了《中华人民共和国反垄断法》等,这些法律构成了我国市场规制法体系的核心和基础。另外,1994年制定的《中华人民共和国广告法》和《中华人民共和国城市房地产管理法》,1996年制定的《中华人民共和国拍卖法》,1997年制定的《中华人民共和国价格法》,1999年制定的《中华人民共和国投标招标法》等,成为我国市场规制法的重要组成部分。

第九章　宏观调控法一般原理

第一节　宏观调控法概述

一、宏观调控法的概念与特征

宏观调控法，是调整国家在对国民经济运行进行宏观调节与控制过程中发生的经济关系的法律规范的总称，它是经济法体系的重要组成部分。

宏观调控是我国社会主义国家管理经济的重要职能，是国家对国民经济总量进行的调节与控制，是保证社会再生产协调发展的必要条件。我国宏观调控的权力集中于中央人民政府，地方政府不享有此项权力。

宏观调控是商品经济高度发展的产物，是国家在现代市场经济中特有的职能。在社会化大生产条件下，商品经济发展中的内在矛盾日益突出，经常会出现总需求和总供给的失衡，一般是总需求小于总供给，从而使现有资源得不到充分利用。因此需要国家进行宏观调控，即国家采取一些经济措施，主要是通过调节货币政策和财政政策，以实现总需求与总供给的基本平衡。可以说，宏观调控是市场经济发展的内在要求。

宏观调控法作为我国经济法体系当中的一个重要方面，有以下基本的特征：

第一，规范功能的双重性。宏观调控法作为规范国家实施宏观调控职能的重要法律形式，其功能具有典型的双重性。一方面，宏观调控法具有鲜明的政策工具性特点，保证国家宏观调控政策的有效实现是其基本任务和主要功能。另一方面，宏观调控法又具有权力约束性特点，对政府经济权力施加必要的控制和约束是其另一项重要任务和重要功能。从我国经济法制发展的实践来看，目前的宏观调控法政策工具性的特点更为明显，但随着我国社会主义市场经济体制的不断完善，我国宏观调控法的功能将由绝对服务于政府的宏观调控职能，转向主要是对政府宏观调控权力的约束和规范。

建立在现代市场经济理念基础上的宏观调控法，应是以权力约束为基本功能的法律形式。这种权力约束功能具体体现在以下三个方面：一是权力授予功能；二是权力规范功能；三是权力监督和问责功能。

第二，规范范围的宏观性。宏观调控法发挥作用的对象是国家的宏观调控行为，而国家的宏观调控行为指向的是宏观经济总量，而不是微观经济个量。宏观经济总量主要是总供给、总需求以及总价格、总就业量等。宏观调控法的作用就是通过对政府宏观调控行为的法律调整，保证国家经济政策的实现，从而对宏观总量经济产生影响。

第三，规范方式的间接性。宏观调控法调整方式的间接性是由国家宏观调控手段的间接性决定的。宏观调控是国家运用一定的宏观经济政策对宏观经济总量进行调节，以期达到经济均衡目标的行为过程。国家宏观调控作为一种间接调控，它是借助宏观政策工具作用于市场，通过市场参数的改变，间接影响企业行为。宏观经济政策主要是财政政策和货币政策，财政政策和货币政策都要通过具体的政策工具来实现。财政政策工具主要有税收、国家预算、国债、转移性支出、购买性支出等，货币政策工具主要有中央银行对各商业银行发放贷款、存款准备金制度、利率、公开市场操作等。这些具体的政策工具构成了宏观调控法（财政法、税收法、金融法等）的基本内容，这些政策工具手段也通过法律化的形式转化成为宏观调控法的重要调整手段。

二、宏观调控法的理论基础

如果我们把凯恩斯的国家干预主义看作是经济法产生的重要理论基础的话，那么由他所开创的，并被认为是现代市场经济宏观调控的理论基础的宏观经济分析框架，也就构成了现代宏观调控法体系构建的重要理论依据。①

凯恩斯理论的出现是20世纪30年代西方世界经济全面危机的直接产物，也是新古典经济理论因其局限性而无力面对经济现实的必然结果。为了探索根治严重经济危机的良策，凯恩斯认为生产过剩的经济危机的根源在于经济自由运行下的有效需求不足。他指出，以资源合理配置为对象的新古典经济理论所作的前提假设（即市场是完全竞争的，供给会自动创造需求，市场价格机制会自动调节经济实现充分就业均衡）是不现实的。凯恩斯从理论上分析了有效需求，即商品总供给价格和总需求价格达到均衡时的总需求的决定因素是消费倾向、流动偏好、资本边际效率三大心理要素和货币数量。凯恩斯认为，要解决失业和危机，关键在于提高有效需求。

正是在对有效需求即总需求的分析中，凯恩斯得出了国家必须干预经济的结论。凯恩斯在其《就业、利息和货币通论》里从宏观总量，即总就业量、总产量、国民收入的决定及其变动方面去研究市场经济如何实现均衡状态。并形成了关于国家一般经济职能的理论。凯恩斯关于国家一般经济职能理论的中心内容是：国家通

① 汤在新，吴超林．宏观调控：理论基础与政策分析[M]．广州：广东经济出版社，2001．

过制定有效的财政政策和货币政策指导消费倾向和统揽投资引诱，并使两者相互配合和适应。在国家怎样干预经济的问题上，凯恩斯提出了国家干预的总原则是：在总需求小于总供给时，由于需求不足，产生失业和经济萧条，国家应当刺激和扩大总需求。相应地，凯恩斯引申出了宏观需求管理为核心的政策体系。首先，凯恩斯认为财政政策是国家干预经济、实现总供给与总需求均衡的最重要手段。国家针对不同的情况，可以采取或松或紧的宏观财政政策，以调节总需求。货币政策则是凯恩斯宏观需求管理的另一重要内容。凯恩斯认为，货币政策的实施主要是通过调整资本边际效率和利息率，以及实行公开市场业务来调节货币供应量，进而影响经济活动。

显然，凯恩斯从理论和政策上所论证的国家干预问题，实际上是关于现代市场经济的宏观调控问题。凯恩斯并不否认"经典学派"关于自由竞争和微观经济领域的资源配置理论。他仅仅指出，依据供给自动创造需求的定律所推行的自由放任政策会导致经济危机和失业现象的普遍存在，因而必须扩大国家的经济职能。他认为只要加强国家对市场经济运行中的宏观调控，解决"经典学派"不能解决的充分就业问题，那么，现存制度以个人主义为基础，亦即以自由企业制度为基础的高效率的优点，依然可以发挥出来。可见，凯恩斯之所以从理论和政策上全面论证国家干预问题，目的在于构建现代市场经济内在要求的宏观调控体系，弥补自发的市场机制的不足。

凯恩斯主张的国家干预主义并不是极端的和绝对的。凯恩斯的国家干预主义与传统的国家干预主义有着重要的区别。传统的国家干预主义是否定市场机制而主张国家对经济的全面干预，凯恩斯所说的国家干预则是在充分肯定市场机制配置资源的基础上，针对自发的市场机制无法达到充分就业的均衡，而主张国家应该采取一定的经济政策去调控宏观经济总量，即总供给和总需求，以减少宏观经济的波动，实现充分就业的经济均衡。凯恩斯的国家干预主义实际上是关于国家对宏观经济调控的一般职能。

凯恩斯的国家干预主义理论成为西方市场经济国家制定宏观调控政策的理论依据，也成为它们构建宏观调控法律制度的重要理论基础。

需要指出的是，简单地以凯恩斯主义理论作为我国宏观调控法律制度的理论基础是不恰当的。因为我国的社会主义市场经济制度具有完全不同于西方资本主义国家市场经济制度的鲜明特点。就从经济活动本身来讲，如果照搬西方的宏观调控理论来指导我国当前宏观调控的实践，至少会存在两方面的问题：第一，我国的市场经济体制尚不完善，市场机制还不能充分发挥对微观资源配置的作用，在此情况下，滥用西方成熟的市场体制下的一套总量分析方法，甚至直接运用它的某些原理来指导中国的宏观经济运行，其结果必然是南辕北辙。第二，在我国这样一个几十年来排斥市场机制作用，以政府的计划手段作为微观资源配置的基本手段的国家，照搬西方宏观经济理论，很容易造成人们对宏观调控范围规定的种种误解，把宏观调控简单地等同于旧体制下国家的计划管理，把宏观调控变成一种反市场的行为。所以，以现有的西方宏观经济理论作为我国社会主义市场经济运行中宏观调控的政策依据是不合适的。① 当然，这一理论也不能成为中国宏观调控法律制度的根本性的理论基础。

马克思主义理论是我国宏观调控法律制度的根本性的理论基础。当然，我们不可能从马克思的学说中寻找到现成的关于宏观调控的理论结论。受时代的制约和研究重点所限，马克思没有建立系统的宏观调控理论。其原因在于：第一，马克思生前，资本主义制度还处在自由竞争阶段，在现实生活中并不存在国家对经济的调控。第二，马克思对资本主义经济矛盾的揭示，并不是要从中寻找挽救资本主义制度的药方，而是要透过客观存在的周期性经济危机显示资本主义制度的局限性和历史过渡性。② 但马克思在经济学说史上最早揭示了宏观调控的根源。他在《资本论》中对资本主义基本矛盾的发展和激化作了详尽分析，由于危机是资本主义基本矛盾导致的失衡发展到极端的表现，所以，这些分析可以认为是对资本主义经济的宏观失衡和危机爆发原因的揭示。③ 马克思主义的这些理论成果，对我们构建宏观调控理论具有重要的启示和指导意义。也为我们构建社会主义性质的宏观调控法律制度奠定了根本性的理论基础。

中国特色社会主义理论是建立我国宏观调控法律体系最现实、最直接的理论基础。近年以来，在中国社会主义市场经济改革和发展的实践中，不断探索和总结宏观调控的经验和规律，已经形成了一系列较为系统的宏观调控的理论和政策。2013年中共十八届三中全会通过的《中共中央关于全面深化改革若干重大问题的决议》对宏观调控的主要任务、宏观调控体系建设等，做出了重要规定。中共中央的这些政策和规定，为中国特色的宏观调控法律制度的进一步完善奠定了重要的和现实的理论基础。

三、宏观调控法的地位与作用

（一）宏观调控法的地位

宏观调控法律制度是经济法的重要组成部分。但由于各国社会政治制度与经济发展模式的不同，以及各国法律传统的巨大差异，宏观调控法律制度在各国法律

① 李健英.宏观调控理论基础探源[J].经济学动态，2000(1).

② 汤在新，吴超林.宏观调控：理论基础与政策分析[M].广州：广东经济出版社，2001.

③ 李健英.宏观调控理论基础探源[J].经济学动态，2000(1).

体系中的地位也各不相同。

中国宏观调控法律制度,是在中国经济体制改革的发展中逐步建立和完善起来的。1979 年以来,中国经济开始进入从传统计划经济向现代市场经济的转型期,从而也开始出现对经济总量的宏观调控。宏观调控法的重要地位也正是在国家宏观调控的实践当中得以确立。

在中国的经济法体系当中,宏观调控法始终居于十分重要的地位。有学者曾指出,中国的经济法是以宏观调控法为核心的法律部门。宏观调控法的地位其所以被高度重视,既有客观性的基础,也有主观认识的原因。从客观方面来看,改革开放以来我国政府十分重视宏观调控手段的使用,使宏观调控措施成为促进经济稳定和发展的主要手段。从主观方面来看,人们对宏观调控手段的理解还不够深入和全面,对宏观调控措施的范围的认识有泛化的倾向,把本不属于宏观调控措施的政府管理行为混同于宏观调控的范畴,甚至出现了地方政府主张宏观调控权力的现象。这也就造成了人们对宏观调控法地位认识的错觉。

宏观调控法在经济法律体系当中的重要地位是毋庸置疑的,但我们也不能简单地就认为宏观调控法是经济法的核心。因为,从我国经济法制的实践来看,宏观调控法和市场规制法在市场经济中发挥作用仅仅是层次和范围上的不同,并不能区别其重要性上的差异。

(二)宏观调控法的作用

宏观调控法律制度作为经济法的重要组成部分,在我国经济改革和经济发展中发挥着十分重要的作用。总体而言,保障宏观调控政策的有效实施,促进宏观调控目标的顺利实现,是我国宏观调控法的基本任务。根据我国经济发展的实践,我国宏观调控法的任务具体表现在以下几个方面:

第一,依法确定宏观调控主体的地位,授予宏观调控主体的职权。宏观调控权力是一种具有支配性的公权力,而公权力的一个重要特点就是必须证明权力来源的合法性。宏观调控法的一项重要作用就是对宏观调控主体权力来源的规定。这里包含了几个层次的内容:其一,宏观调控法需要对宏观调控主体的地位做出规定。即就是要依法确定由哪些机构行使国家宏观调控权力,并且明确这些机构的法律地位。其二,明确宏观调控主体的职权范围。即就是要规定不同宏观调控主体所应该享有的具体的宏观调控权力。

我国的宏观调控权力集中于中央,主要由中央人民政府来行使。计划部门、财政部门、金融部门等是行使国家宏观调控权力的具体部门。宏观调控法通过一系列具体的法律制度,对这些机构的地位和职权范围做出规定。

第二,规范宏观调控主体的行为,保证宏观调控活动的有效开展。宏观调控权力作为一种支配性权力,它的运用也必须依法进行。宏观调控法要对宏观调控主体行使宏观调控权力的行为设定条件、规定程序，使宏观调控活动在制度框架内有序进行。

我国的宏观调控主要采用财政政策和货币政策的手段，因此财政法律制度、金融法律制度是规范宏观调控主体行为的基本法律规范。作为宏观调控法重要组成部分的财政法和金融法，既有实体规范，也有程序规范，各种制度规范既独立运行，又相互配合，保证宏观调控活动有效开展。

第三，监督宏观调控权力的运用，明确宏观调控行为的责任，对宏观调控主体的不当行为进行问责。有权力就必须有责任。宏观调控法在授予宏观调控主体宏观调控权力的同时，也必须规定其应该承担的责任。同时，建立权力问责制度。权力和责任的统一是现代宏观调控法的重要特点。

但由于历史的原因，我国的宏观调控法主要侧重于宏观调控职权及其运行的规定，而对宏观调控主体责任的规定还不够明确。强化宏观调控法的责任制度是我国宏观调控法改革与完善的一个方向。

第二节　宏观调控法的原则与调整方法

一、宏观调控法的原则

宏观调控法的原则是宏观调控法基本宗旨的具体体现，是宏观调控法的全部规范和法律文件，以及整个宏观调控法制活动所应贯彻的指导性准则。根据宏观调控法的性质和其特有的价值，我们认为其原则应有以下几个方面：

（一）维护平衡与协调的原则

宏观调控法既是国家进行宏观调控的依据，又是国家进行宏观调控的工具。宏观调控法的内容由国家宏观调控的目标来决定。宏观调控法的根本宗旨就是保证国家宏观调控目标的有效实现。

在现代市场经济条件下，宏观调控的总目标是保持经济总量的平衡，即保持总需求和总供给的平衡，以实现经济持续稳定的增长。宏观调控的具体目标是经济增长、物价稳定、充分就业和国际收支平衡四个方面。宏观调控法的作用就是通过不同层次的法律规范和多种形式的调整方式，为国家宏观调控目标的全面实现提供法律保障。

宏观调控法包含了许多重要的法律规范和法律制度，无论是计划法，还是财政法、金融法，它们各自都有鲜明的特点，而且也都有不同的任务，但作为宏观调控法的重要组成部分，保证宏观调控目标的实现是它们共同的和根本的任务。维护经济总量的平衡，协调宏观调控关系，实现经济持续稳定的增长，也就成为贯穿全部宏观调控法制活动过程的重要原则。

(二)政策指导原则

我们知道,经济法是具有鲜明的政策工具性特点的法律部门,而宏观调控法作为经济法的重要组成部分,它对经济法的这一特点体现的最为充分。一方面,宏观调控法以宏观调控政策为基础,其主要任务是保证和配合宏观调控政策的实施。宏观调控法在国家宏观调控政策的引领下运行。宏观调控法的制定、执行和适用,都要体现国家宏观调控政策的基本精神;另一方面,宏观调控政策直接构成了宏观调控法的内容。国家宏观调控目标要通过宏观调控政策来实现,而宏观调控政策又可以采取法律的形式。在现实生活中,许多宏观调控政策工具是以法律的形式存在的,有些宏观调控政策最终也会转化为法律的形式。从这个意义上说,宏观调控法是宏观调控政策的法律化。宏观调控政策构成了宏观调控法的基本内容。

(三)调控适当原则

调控适当原则包括调控主体适当、调控范围适当和调控手段适当三个方面。调控主体适当,是指行使宏观调控职能的主体要符合法律和政策的规定。目前,我国宏观调控的权力集中于中央,只有中央人民政府才具有宏观调控的职能,才可以行使宏观调控的权力。地方政府没有此项职能,不能行使此项权力。调控范围适当,是指国家宏观调控的对象要符合要求。宏观调控的依据是市场失衡,即经济总量的失衡,因此,宏观调控的对象范围是宏观经济运行中的经济总量,即总供给和总需求。任何扩大和缩小宏观调控对象范围的做法都是不妥当的,都会形成政府宏观调控的越位或缺位。调控手段适当,是指国家宏观调控手段的选择要科学合理,使国家宏观调控活动更有效率。调控手段的选择,也包含了各调控手段的搭配和结合使用。目前,国家宏观调控主要采取计划、财政、金融等政策手段,而且更多运用间接的调控方式。

二、宏观调控法的调整方法

宏观调控法的调整方法是与国家宏观调控体系的构成,以及国家宏观调控的实现方式密切相关的。在我国国民经济运行中,国民经济和社会发展战略、国家经济发展计划、宏观经济政策等相互配合,构成我国社会主义市场经济中宏观调控体系的基本内容。财政政策和货币政策是国家进行宏观调控的两大政策支柱。

根据我国宏观调控的实践,以及宏观调控法制的现状,我认为,我国宏观调控法的调整方法主要有以下几个方面:

1. 计划控制方法。在我国社会主义市场经济条件下,国家计划是宏观调控的重要手段之一,而且国家计划还应该是财政政策和货币政策的指导,也就是说,财政政策和货币政策的运用要以国家计划为导向。中共十八届三中全会通过的《中共中央关于全面深化改革若干问题的决定》,把“健全以国家发展战略和规划为导向、以财政政策和货币政策为主要手段的宏观调控体系”作为完善我国宏观调控体系的目标。进一步明确了国家计划在我国宏观调控体系中的地位。

鉴于国家计划在宏观调控体系中的独特地位,有学者甚至主张不能把国家计与其他宏观调控手段相提并论。他们认为,国家计划和宏观调控分属于同一国民经济总体运行机制的两个层次:计划是第一层次的,宏观调控是第二层次的。第一层次的国家计划是第二层次的宏观调控的根据。宏观调控归根结底是服务于国家计划的。[①] 当然,是否应该把国家计划从宏观调控体系中独立出来还尚待讨论,但关于国家计划作为其他宏观调控手段的根据的这一结论是可以肯定的。

需要指出的是,这里强调的国家计划在宏观调控中的导向作用,不同于传统计划经济体制下的国家计划管理。第一,现在的国家计划不是既管宏观又管微观,无所不包的计划,而是主要管宏观,微观的事情主要由市场去管。第二,现在资源配置的决定性手段是市场,计划是弥补市场缺陷和不足的必要手段。第三,现在的计划主要不再是行政指令性的,而是指导性的、战略性的、预测性的计划,同时必须有导向作用和必要的约束、问责功能。(刘国光,2010)总之,国家计划手段主要在于宏观经济的导向、平衡和调控,重点是搞好经济发展预测、总量调控,重大结构与生产力布局规划、集中必要的财力物力进行重点建设、综合运用经济杠杆,促进经济更好更快地发展。

宏观调控法的计划控制调整方法,是国家计划调控手段的法律化,是通过法律的形式对国家计划行为的规范和约束,以及依法对国家计划内容的全面贯彻和实施。

2.利益诱导方法。它是指利用法律确认的具有经济利益诱导功能的宏观调控手段,对宏观经济关系进行法律调整的方法。在宏观调控体系当中,具有利益诱导功能的调控手段有很多,其中货币政策手段表现最为突出。比如,在对经济周期性波动的控制方面,货币政策具有特殊的功能:当经济衰退需求萎缩时,扩大需求以刺激经济增长,成为经济社会中的主要矛盾。在这一时期,中央银行货币政策的特点是,增加货币供应量,降低利率。当利率降到低于投资的预期收益率时,投资变动有利可图,投资规模随之扩大;货币供应量的增加,银行对企业的贷款规模扩大,条件放宽,使企业恢复和扩大生产成为可能,经济开始复苏,就业人数和居民收入增加,消费支出开始上升,社会需求进一步扩大,经济增长速度逐渐加快。在经济过热时,投资规模急剧扩大,消费基金迅速增加,社会总需求的增长超过社会供给

---

① 候孝国.计划与宏观调控[J].甘肃社会科学,1996(1).

能力，通货膨胀形成。此时，中央银行的任务就是压低货币供应量的增长率，提高利率，抑制社会总需求增长，减缓通胀压力。由于利率提高，企业获得贷款的成本相应提高，当企业感到无利可图时，就会减少或停止向银行贷款；与此同时，由于贷款供应量减少，整个社会的资金供应趋于全面紧张，企业通过其他途径融资也会遇到很大的困难，于是不得不压缩投资。在投资需求得到抑制的情况下，消费基金的增长必定回落，社会总需求得到抑制，国民经济逐步走上平衡发展之路。①

上述宏观调控政策的使用，主要是通过中央银行对流通中的货币供应量的控制和对银行利率的调整来实现的。宏观调控法正是通过对中央银行的货币发行权、基准利率调节权等诸多权力的规范和约束，以及通过对利率等货币政策工具实施的法律保障，实现对相关宏观经济关系的法律调整。

3. 经济参与方法。它是指利用法律许可的，具有政府经济参与性质的宏观调控手段，对宏观经济关系进行法律调整的方法。这里所谓的“具有政府经济参与性质”，一是指政府直接参与了经济过程；二是指政府参与经济活动采用了市场行为方式。在宏观调控手段当中，像政府投资、公共支出等财政政策工具是典型的经济参与方法。

政府投资是指财政用于资本项目的建设支出，它最终将形成各种类型的固定资产。在市场经济条件下，政府投资的项目主要是那些具有自然垄断特性、外部效应大、产业关联度高、具有示范和诱导作用的公共设施、基础性产业以及新兴的高科技主导产业。政府投资的目标主要在于提高经济运行的整体效率，而不在于盈利性。政府的投资能力与投资方向对经济结构的调整起关键性作用。政府通过投资政策，可以扩大或缩小社会总需求，可以调整产业结构、资源结构、技术结构、劳动力结构以及国民经济部门之间的比例关系，可以改善投资环境，刺激私人投资。

公共支出主要是指政府满足纯公共需要的一般性支出（或称经常项目支出），它包括购买性支出和转移性支出两大部分。购买性支出包括商品和劳务的购买，它是一种政府的直接消费支出。转移性支出通过“财政收入→国库→财政支付”过程将货币收入从一方转移到另一方，此时，民间的消费并不发生变化。政府通过消费政策，可以直接增加或减少社会总需求，可以引导私人生产的发展方向，可以调节经济周期波动。

宏观调控法通过对政府投资、政府公共支出的规范和法律约束，实现对相关宏观经济关系的法律调整。

---

① 谢志强. 政府干预理论与政府经济职能[M]. 长沙：湖南大学出版社，2004.

第三节　宏观调控法的体系和制度变迁

一、宏观调控法的体系结构

关于宏观调控法的体系，从不同的角度会有不同的认识。我们根据我国宏观调控体系的基本结构，以及我国宏观调控法的立法现状，对我国宏观调控法的体系做出以下概括性的归纳：

（一）计划法律制度

计划法律制度是我国宏观调控法律体系的重要组成部分。目前，我国的计划法律制度主要指的是与《国民经济与社会发展规划》相关的一系列制度规范。

由于在我国宏观调控体系当中，计划手段具有导向作用，所以，计划法律制度在我国宏观调控法律体系当中也就具有了控制和引领的作用。

（二）财政法律制度

财政法律制度是我国宏观调控法律体系的基本组成部分。财政法的范围十分广泛，其内容包括财政体制法、预算法、预算外资金管理法、国债法、转移支付法、财政补贴法、基本建设投资法和国有资产法、政府采购费、税收法、行政事业性收费管理法、国有企业财务法、行政事业财务管理法、财政监督法等。

由于财政政策与货币政策是国家进行宏观调控的两大政策支柱，所以财政法律制度成为宏观调控法的基本组成部分。其中，直接反映税收、国家预算、国债、转移性支出、购买性支出等这些基本财政政策工具的法律规范是其核心内容。

（三）金融法律制度

金融法律制度是我国宏观调控法律体系的基本组成部分。金融法律制度包括人民银行法、商业银行法、证券法、保险法、票据法、担保法等。

金融活动作为一个相互联系的系统，它的各个部分都直接或间接地与国家的宏观调控发生关系，但由于国家宏观调控主要是以货币政策作为工具的，而制定和执行货币政策是中央银行的职责，中国人民银行是我国的中央银行。所以，《中华人民共和国人民银行法》成为宏观调控法律制度的核心内容。

（四）产业政策法律制度

产业政策法律制度是我国宏观调控法的有机组成部分。一般认为产业政策法由产业结构法、产业组织法、产业技术法、产业布局法几个部分组成。

在我国，比较明确和自觉地提出和实行产业政策是 20 世纪 80 年代后期的事情。从那时候起到现在，有人把宏观调控仅仅理解为总量上的调控。但实践证明，宏观经济总量的平衡，既包括总量的平衡，也包括结构的平衡，特别是产业结构的平衡。忽视了对经济结构，特别是产业结构的调节，总量控制也搞不好。一旦产业结构严重失衡，也会引起总量的失衡。现在，人们越来越清楚地认识到，产业政策是政府进行宏观管理和调控不可缺少的重要手段。①

（五）价格政策法律制度

价格政策法律制度也是我国宏观调控法的组成部分之一。1997 年 12 月 29 日，第八届全国人民代表大会常务委员会第二十九次会议审议通过，自 1998 年 5 月 1 日起施行的《中华人民共和国价格法》，是规范价格政策的基本法。

在市场经济国家，基本上实行自由价格制度，价格主要由市场形成，但现代市场经济同时也要求国家对价格实行一定的干预和管制。一些国家的管制较松，管制方式主要通过反垄断和反不正当竞争来体现，其价格政策和价格立法主要与其市场竞争政策和竞争法融为一体。此外在其他法律中对某些具体行业的价格政策也有所规定。一些国家价格规制稍严一些，除竞争法外，还颁布专门的综合性价格法，还有许多单行的专门价格立法。②

二、宏观调控法的制度变迁概要

资本主义国家的宏观调控法自 20 世纪 30 年代产生以来，其制度变迁大致经历了三个阶段：第一个阶段从 20 世纪 30 年代到第二次世界大战前夕，这期间各市场经济国家主要采取凯恩斯主义经济政策，奉行国家依法干预国民经济的政策，有关宏观调控的法律、法规因此开端，其典型是反映罗斯福新政的宏观调控法。第二个阶段从第二次世界大战至 20 世纪 70 年代，宏观调控法主要体现为干预和协调市场平衡运行的各种财政和货币政策。此间宏观调控法的典型为 1946 年美国通过的《就业法》。第三个阶段从 20 世纪 70 年代以后至今，这一时期，由于西方资本主义国家普遍出现通货膨胀与高失业率并存的“滞涨”现象，有关宏观调控法出现了一些诸如调整对象范围日益扩大、调整方法愈加综合的新动向。③

由于资本主义国家在经济发展过程中各自有不同的情况，在经济发展的不同阶段各自会面临各种不同的问题，所以，各个国家在宏观调控政策选择方面会有不同的做法，这也就使得各个国家的宏观调控法律制度具有了本国自身的特点。

中国宏观调控法律制度的发展，是与中国对国民经济进行宏观调控的实践联

---

① 谢志强. 政府干预理论与政府经济职能[M]. 长沙：湖南大学出版社，2004.

② 漆多俊. 经济法基础理论：第 3 版[M]. 武汉：武汉大学出版社，2000.

③ 叶秋华，宋凯利，郝刚. 西方国家宏观调控法与市场规制法研究[M]. 北京：中国人民大学出版社，2005.

系在一起的。由于宏观调控赖以建立的基础,是以市场机制作为资源配置基本机制的市场经济,所以,中国宏观调控法律制度是在中国市场化取向的经济改革过程中逐步发展起来的,是随着政府职能转变和政府经济管理系统改革的实践不断发展变化而来。

从改革开放之初至20世纪80年代中期,是中国宏观调控法的萌芽时期。这一时期,中国经济体制改革刚刚起步,针对宏观经济运行中出现的问题,政府采取了一系列的宏观调控措施。但由于受到传统计划经济体制和计划经济思维的制约,无论是对宏观调控的认识,还是对政策手段和调控方式的运用方面,都带有浓重的计划经济时代国家干预的色彩,还不是市场经济意义上的宏观调控。这一时期,从宏观调控的手段看,是以行政手段为主,经济手段为辅。从宏观调控的方式看,是以直接管理为主,间接管理为辅。从政策工具选择看,是以财政政策为主,货币政策为辅。这一时期的宏观调控法律制度尚处于萌芽状态。具有宏观调控职能的制度规范主要是以国务院及其有关部门的规定、办法和通知的形式存在。比如1980年,国务院为着手进行1981至1990年发展国民经济十年规划的制订工作而发布的《关于拟订长期计划的通知》;1983年9月,国务院颁布的《关于中国人民银行专门行使中央银行职能的决定》等。这一时期也有不少财政税收方面的法律制度,但这些制度规范自觉体现宏观调控职能的意蕴并不明显。

从20世纪80年代中期,到1992年中共十四大明确提出中国经济体制改革的目标是建立社会主义市场经济体制,是中国宏观调控法的初创时期。这一时期,中国的经济体制改革进一步深化。在政府改革方面也有很大进展,特别是在理论上和认识上对政府职能转变有了重大突破,以职能转变为中心的政府经济管理系统各方面的改革稳步推进。1987年党的十三大要求在有计划商品经济条件下"逐步健全以间接管理为主的宏观经济调节体系"。国家对宏观调控工作更加重视,在宏观调控的途径和手段方面有了新的探索。这一时期,从宏观调控的手段看,仍然是以行政手段为主,但经济手段的力度大为增强。从宏观调控的方式看,仍然是以直接管理为主,但间接调控方式逐渐被强化。从政策工具选择看,除了财政政策工具以外,货币政策工具得到广泛使用。这一时期,中央银行体制的建立和金融市场的初步形成,创设了货币政策工具的初步制度框架,为我国宏观调控政策体系的形成提供了一定的基础和条件。过去,我国宏观调控政策一般是以财政政策为主,货币政策方面除了信贷规模控制外,基本上没有与市场化相适应的货币政策工具。这也决定了以前的宏观调控只能以直接的行政手段进行。我们知道,在市场经济的宏观调控中,货币政策工具的使用是最为频繁的,它与财政政策一起构成宏观调控最重要也是最基本的宏观调控政策。正因为金融市场和中央银行体制在这时才建立起来，所以有学者认为"中国宏观调控历程的始点应该是 1984 年。"[①]这一时期，在宏观调控法律制度方面，与宏观调控政策的变革相适应，除了计划法律制度、财政法律制度等继续发挥重要作用以外，反映货币政策工具的金融法律制度在宏观调控法律体系当中的地位日显突出。

从 1992 年中共十四大召开至今，是按照社会主义市场经济模式建立和完善中国宏观调控法律体系的阶段。进入 20 世纪 90 年代，尤其是 1992 年以后，经济体制改革向纵深发展，建立社会主义市场经济体制成为经济体制改革的基本目标。这一时期，政府经济职能进一步转变，国家宏观调控的理念和政策选择都在发生重大改变。1992 年党的十四大确立社会主义市场经济体制目标的同时，第一次提出宏观调控命题，十四大报告指出："我们要建立的社会主义市场经济体制，就是要使市场在社会主义国家宏观调控下对资源配置起基础性作用"，同时"必须加强和改善国家对经济的宏观调控。"要求"健全科学的宏观管理体制与方法"。1993 年 3 月公布的《中华人民共和国宪法修正案》第七条对宪法第十五条的修改，首次在国家宪法中明确规定："国家实行社会主义市场经济""国家加强经济立法，完善宏观调控。"同年 11 月中共中央通过的《关于建立社会主义市场经济体制若干问题的决定》中指出要"转变政府职能，建立健全宏观调控体系。""宏观调控的主要任务是：保持经济总量的基本平衡，促进经济结构的优化，引导国民经济持续、快速、健康发展，推动社会全面进步。"并明确要求："宏观调控主要采取经济办法……建立计划、金融、财政之间相互配合和制约的机制，加强对经济运行的综合协调。"从此，政府职能进一步转换，宏观调控法也有了坚实的宪法依据和真正明确的政策目标。党的十六大以来，更多强调"完善宏观调控体系"。要求"发挥国家发展规划、计划、产业政策在宏观调控中的导向作用，综合运用财政、货币政策，提高宏观调控水平。"中共十八届三中全会通过的《中共中央关于全面深化改革若干重大问题的决定》对健全宏观调控体系作出了重要论述，《决定》指出："健全以国家发展战略和规划为导向、以财政政策和货币政策为主要手段的宏观调控体系，推进宏观调控目标制定和政策手段运用机制化，加强财政政策、货币政策与产业、价格等政策手段协调配合，提高相机抉择水平，增强宏观调控前瞻性、针对性、协同性。形成参与国际宏观经济政策协调的机制，推动国际经济治理结构完善。"

中共十四大以来，党中央的宏观调控政策为国家宏观调控的实践指明了方向，也为中国宏观调控法律制度的发展提供了现实的理论基础。具有中国特色的社会主义宏观调控法律体系必将进一步走向完善。

---

① 汤在新，吴超林. 宏观调控：理论基础与政策分析[M]. 广州：广东经济出版社，2001.

第十章　经济法的运行

第一节　经济法运行概述

一、经济法运行的含义

经济法的运行，是指经济法作为一个动态系统，在一定社会和制度环境下的运动状态。具体表现为从经济法的创制到实施，再到实现的运动过程。经济法作为国家法律体系的一个基本组成部分，它的运行要受到国家整体法律运行规律的制约，但经济法作为独立法律部门，又有自己相对独立的运行系统，其运行过程必然呈现出不同的特点。

经济法的创制是经济法运行的起点。在现代市场经济条件下，经济法的创制主要表现为国家的经济立法活动，即一定的立法机关依照一定的立法权限和立法程序制定、修改、废止规范性法律文件的专门活动。但一些学者认为，法律生成的概念比法律创制的概念内容更加丰富，更能准确表达法律的形成过程。他们认为，在成文法国家，法律的产生，形式上是创制的，实质上却是生成的。“法的创制虽然是人们自觉运用法律来规范社会行为的标志和首要环节，是法的运行的前提或起点，但其内容却并不是与以往历史无关；同时，法的运行虽然是法的创制的后果，但又是法的创制的继续，法在其运行过程中不断被丰富和发展。”①所以，法律的制定并不一定代表法律的形成，在一定意义上，法的形成是一个永无止境的过程。

经济法的实施是经济法运行的基本过程。包括经济法的执行、适用、遵守和监督等具体环节。经济法的实施在整个经济法的运行过程中居于核心的地位，因为经济法律只有通过实施才能对社会经济生活产生影响，创制法律的目的才有可能得到实现，法律的价值也才能充分显现出来。同时，在经济法律实施过程中，经济立法不断得到检验，经济法律的内容会随着经济法律的实施而不断获得丰富和完善。

经济法的实现是经济法运行的最终结果。“法的实现是指法的要求在社会生

---

①　张文显. 法理学[M]. 北京：高等教育出版社，1999.

活中被转化为现实。”①法律的实现是十分重要的，不能实现的法律就是一纸空文。法的实现通过法的实施得以完成。经济法的运行因经济法的实现而完成了其循环运行的一个过程，经济法的价值在经济法循环运行的每一个实现过程中不断得到体现。

二、经济法运行的特征

在统一的法律体系之下，各法律部门的运行大体上遵循着统一的模式，它们在运行方式和运行规则方面，更多的表现出了普遍性和共性的特点。但各法律部门作为统一法律体系中的一个相对独立的系统，在运行方面的特殊性也是显而易见的。这种特殊性的形成，从客观上讲是由于不同法律部门之间的确存在着多方面的差异，而且有些差异是根本性的。从主观上讲是由于人们在法律实践和法学研究当中自觉或不自觉地在不断强化对各法律部门之间的差异的认识，从而在一定程度上放大了这种差异性的存在。因此，我们在分析各法律部门运行特点的时候，首先必须把握整体法律体系运行的规律，在此基础上进一步认识具体法律部门运行的特殊性。

经济法作为中国特色社会主义法律体系的一个重要组成部分，它的运行没有也不可能脱离中国现行法律体系运行的基本框架，但经济法作为新兴法律部门，在社会主义市场经济的制度环境中，其运行过程仍然表现出了许多特殊性的方面：

第一，经济法的运行受国民经济运行规律的支配和制约。国民经济运行对经济法运行的这一重要影响，不仅仅是马克思历史唯物主义关于经济对法律的基础性决定作用的一般性体现，同时是因为经济法作为独立法律部门，本身就是以国民经济运行作为其规制的对象。因此，国民经济运行的状况必然会对经济法带来现实的影响。当然，我们也不能简单地认为国民经济的运行规律就是经济法的运行规律。国民经济作为经济活动，其运行有自己固有的经济规律，经济法作为独立法律部门，其运行必须遵循自身的法律逻辑。所以，国民经济运行和经济法的运行各自遵循各自特有的规律。这里只是强调国民经济的运行规律对经济法的运行具有支配性的影响和根本性的制约。

第二，经济法的运行以经济发展为目标，以维护社会公共利益为依归。法律部门的运行往往是以特定的目标为引领的，失却了具体目标的法律部门的运行也就丧失了法律部门存在的意义。经济法作为独立法律部门的运行，是以追求经济发展为目标的。超越经济增长的经济可持续发展，是经济法的基本理念和重要价值，经济法运行的各个阶段，无论是经济立法、经济执法还是经济法律的适用，都不能

① 张文显. 法理学[M]. 北京：高等教育出版社，1999.

脱离经济发展这一重要价值。同时，经济法的运行以社会公共利益的现实为归宿。经济法的实现以社会公共利益的实现为表征。社会公共利益构成了经济法运行的法益基础。

第三，国家干预是经济法运行的助推力。经济法是体现国家干预的法，国家对经济的干预是经济法产生的条件，也是经济法存在的依据。国家干预同时也为经济法的运行提供了助力。经济立法的内容充分反映国家干预的思想，经济法的施行直接或间接地以国家干预手段来推动，经济法的运行离不开国家干预。当然，国家干预对经济法运行的这种推动力量，仅仅是一种外在的助推力，而不是经济法发展和运行的根本动力。经济法发展和运行的根本动力是社会基本矛盾的运动，是生产力与生产关系，上层建筑与经济基础矛盾运动的结果。这也是一切法律发展和法律部门运行的动力所在。

三、经济法的运行机制

机制一词来源于希腊文，原意指机器的构造和工作原理。机器都是由一定的零部件构成的，各个零部件根据机械和电器原理形成因果关系，相互联结，并按照一定的方式运转。因此，机制的本意是指机器运转过程中的各个零部件之间的相互联系、互为因果的联结关系及运转方式。后来，生物学界和医学界通过类比方式使用了生物机制、病理机制等概念，用以表示有机体内发生生理或病理变化时，有机体内的各个器官之间的相互联系、作用和调节方式。①

经济法的运行机制，是指在经济法现象有规律的运动中，影响这种运动的各因素的结构、功能、及其相互关系，以及这些因素产生影响、发挥功能的作用过程和作用原理及其运行方式。经济法的运行机制包含了多个方面的组成部分(或构成要素)，其中经济立法、经济执法、经济司法、经济法的遵守、经济法律监督等是最重要的组成部分(或基本的构成要素)。这些组成部分(或要素)作为相对独立的存在，各自又成为一个独立运行的系统，并形成各自不同的运行机制。比如经济立法系统及其运行机制、经济执法系统及其运行机制、经济司法系统及其运行机制、经济法的遵守系统及其运行机制、经济法律监督系统及其运行机制。等等。这些各组成部分(或要素)各自运行机制的完善，成为经济法整体运行机制完善的基础。各组成部分(或要素)只有在统一的经济法运行系统里，在相互联系，共同运行的过程中，各自的价值才能得以显现。同时，在这种相互联系、共同运行的过程中，也会形成新的价值，这是一种超越经济法运行机制各部分(或要素)价值之和的价值。

---

① 卫兴华，洪银兴，魏杰. 社会主义经济运行机制[M]. 北京：人民出版社，1986.

第二节　经济立法

一、经济立法的概念

立法的含义是十分丰富的，“立法是对权利资源、权力资源以及其他有关社会利益，进行法定制度性配置的专门活动。立法也是对个人和组织在国家生活和社会生活中的义务或责任的法定制度性确定。立法还是对所有社会主体的社会行为和社会自由的范围所作的法定制度性界定。立法的实质是将在国家生活和社会生活中占据主导地位的社会力量的意志，上升为国家意志。”①

关于立法的概念，学者们有不同的界说。周旺生教授在其著作里对立法作了如下定义：立法是由特定主体，依据一定的职权和程序，运用一定的技术，制定、认可和变更法这种特定的社会规范的活动。② 这是舍像掉了不同历史阶段、不同国情之下和不同种类的立法所具有的各自特殊性，从立法所具有的共同特征，对立法概念所作的一般性的定义。

当然，立法毕竟是一个历史的范畴，不同国家以及同一国家的不同历史阶段，立法的概念和意义总是不尽相同的。我们这里所研究的经济立法是立足于中国当下的基本国情，以中国现行的立法体制作为前提的。

所谓经济立法，是立法机关依照一定的立法权限和立法程序制定、修改、废止规范性经济法律文件的专门活动。这是我们对我国现行经济立法的概念所作的一个较广义的界定。在现实生活中，“经济立法”一词被广泛使用，无论是党和政府的文件、领导人的讲话，还是有关法制建设的文章，多有诸如“加强经济立法”、“完善经济立法”等这样的表述。③ 这些关于经济立法概念的使用，大都不具有学科意义，一般所指是“关于经济的立法”，是对经济领域立法活动的概括表达。我们在这里所研究的经济立法，是从独立法律部门意义上对经济立法的认识，反映的是经济法作为一个独立法律部门范围内的立法活动。

经济立法作为经济法运行系统的一个基本环节，本身也是一个动态的过程，这

① 周旺生. 立法学教程[M]. 北京：北京大学出版社，2006.

② 周旺生. 立法学教程[M]. 北京：北京大学出版社，2006.

③ 比如，《中华人民共和国宪法》第十五条规定：“国家实行社会主义市场经济。国家加强经济立法，完善宏观调控。国家依法禁止任何组织或者个人扰乱社会经济秩序。”2003 年 10 月 14 日中国共产党第十六届中央委员会第三次全体会议通过的《中共中央关于完善社会主义市场经济体制若干问题的决定》第(38)条规定：“全面推进经济法制建设。按照依法治国的基本方略，着眼于确立制度、规范权责、保障权益，加强经济立法。”

个过程受到各种因素的影响和制约。“它并不是一个简单的法律规范的供给过程，而是一个政治、经济和社会诸种要素互动的复杂过程。如果说对某一个法律制度的研究解决的是具体的问题，那么总体的经济立法理念和道路的选择则决定着经济立法的方向。”①所以，我们对经济立法的研究，也要有整体观和系统思想。

二、经济立法的指导思想和基本原则

“立法指导思想是立法主体据以进行立法活动的重要理论依据，是为立法活动指明方向的理性认识。”②中国社会主义市场经济条件下的经济立法，必须坚持社会主义方向，以中国特色社会主义理论作为其根本指导思想。以“解放生产力，发展生产力，消灭剥削，消除两极分化，最终达到共同富裕”为根本的任务和根本目标。在此指导思想的基础上，经济立法应坚持以下的基本原则：

第一，坚持维护以公有制为主体、多种所有制经济共同发展的原则。公有制为主体、多种所有制共同发展的基本经济制度，是中国特色社会主义制度的重要支柱，也是社会主义市场经济体制的根基。公有制经济和非公有制经济都是社会主义市场经济的重要组成部分，都是我国经济社会发展的重要基础。当前的经济立法，必须坚持巩固和发展公有制经济，维护公有制主体地位，发挥国有经济主导作用，有利于鼓励、支持、引导非公有制经济发展，激发非公有制经济活力和创造力。

第二，坚持维护按劳分配为主、多种分配方式并存的分配制度的原则。国家在社会主义初级阶段，坚持按劳分配为主、多种分配方式并存的分配制度。在坚持按劳分配为主的条件下，把按劳分配和按生产要素分配结合起来，是新的收入分配方式，是分配理论的重大突破和收入分配方式的重大变革，也是社会主义市场经济发展的必然要求。这种分配制度适应现阶段我国生产力发展的要求，在分配关系上能够调动各方面进行投资和生产经营的积极性，促进社会生产力的发展。经济立法应该反映和保护这一分配原则。

第三，保护改革和鼓励创新的原则。改革是经济与社会发展的直接动力，只有坚持改革，中国的经济才能持续发展，只有通过改革才能化解经济发展中的矛盾和问题。保护和推动改革是经济立法的任务。创新是经济与社会发展的动力之源。创新是当今时代的主题。经济立法应该保护和鼓励创新，并使经济发展中的技术创新、制度创新、观念创新等成为经济立法的重要内容。

第四，保护对外开放的原则。坚持对外开放是我国一项基本国策。在社会主义市场经济条件下，构建开放型经济新体制是当下经济改革的重要任务。适应经

① 孙同鹏．经济立法问题研究——制度变迁与公共选择的视角[M]．北京：中国人民大学出版，2004.

② 张文显．法理学[M]．北京：高等教育出版社，1999.

济全球化这一新的形势,必须推动对内对外开放相互促进、引进来和走出去更好结合,促进国际国内要素有序自由流动、资源高效配置、市场深度融合,加快培育参与和引领国际经济合作优势,以开放促改革。经济立法必须适应这一要求,在放宽投资准入、加快自由贸易区建设、扩大内陆沿边开放等方面发挥重要作用。

第五,保护和推动科技交流与发展的原则。科学技术是第一生产力,发展社会主义经济离不开科学技术的交流与合作。改革开放初期,国家制定的一系列旨在吸引外资和国外先进技术的涉外经济法律,成为这一时期经济立法的重要内容。当前,科技进步成为推动社会经济发展的重要力量,科技活动渗透于社会经济生活的方方面面,从某种意义上说,现代经济法也应该是科技促进法。在新形势下,经济立法坚持保护和推动科技交流与发展的原则,符合现代经济法的精神。

三、经济立法的策略

策略,一般被解释为“可以实现目标的方案集合”或“根据形势发展而制定的行动方针和斗争方式”①。经济立法策略大体也反映了这种意思。这里核心强调的是经济立法活动如何更好地体现经济法的固有价值。经济立法的策略可以有多方面的认识,以下就几个主要的方面作以探讨。

第一,经济立法与经济政策。政策是指“国家、政党为实现一定历史时期的路线和任务而规定的行动准则。”②政策在我国一般是指党的政策,即中国共产党作为执政党为实现一定目的而做出的政治决策。在中国社会主义制度下,党的政策和国家的法律尽管是两种不同的社会调整机制,但党的政策和国家法律在阶级本质、经济基础、指导思想、基本原则、社会目标等根本方面是高度一致的。所以,政策与法律的关系十分密切。就立法层面而言,政策指导立法,政策在一定条件下也可以转化成立法。

在我国社会主义建设实践中,党的经济政策对国家经济立法的影响广泛而深刻。建国以后直到改革开放之前这一时期,我国经济发展主要依靠经济政策,政策代替了法律成为经济治理和社会治理的基本手段。改革开放初期,经济政策的地位仍然十分重要,因为改革开放本身就是由政策推动的,这一时期经济立法得到了重视,但此时的经济立法基本上是保障和推行经济政策的手段,工具性特点十分明显,缺乏独立的价值。进入新的历史阶段,特别是随着社会主义市场经济体制的建立,我国经济立法才逐步成为经济发展的主要调整机制,法治经济的思维不断强化,经济政策和经济立法的界限逐步明晰。

---

① 中国社会科学院语言研究所词典编辑室.现代汉语词典[M].北京:商务印书馆,1978.

② 辞海编辑委员会.辞海[M].上海:上海辞书出版社,1994.

当前,在全面推进依法治国的背景之下,经济政策和经济立法的关系有了更加清楚的定位,经济政策不能代替经济立法,经济治理主要依靠经济立法。所以,我们发展社会主义市场经济必须要完善市场经济法律制度,坚持依法治理。但同时我们也要清楚地认识到,发展社会主义市场经济同样离不开经济政策,更不能漠视经济政策对经济立法的现实影响。在现行体制下,党的经济政策对经济立法的影响主要表现在两个方面:一是经济政策对经济立法的指导作用,二是经济政策直接上升为经济立法。

第二,经济立法的域外借鉴。学习借鉴国外成功的经济立法经验,是现代市场经济条件下经济立法活动的重要特点。当然也是完善本国经济立法的重要策略。关于对国外立法的学习借鉴,目前学界普遍称之为"法律移植",有学者认为这"是个了不起的学术发明和思想解放。"①但我认为"法律移植"这一概念所表达的含义"拿来"的色彩太过浓厚,而且"这个术语的内涵及其适当性,法学界和法律界尚未形成共识。"②所以,应审慎使用。

在我国社会主义市场经济条件下,学习和借鉴国外先进的经济立法经验既有可能性也有必要性。首先,市场经济在西方国家已经有数百年的发展历史,这些国家已经形成了比较完整的市场经济法律体系。尽管我国建立市场经济的制度基础与西方国家不同,但市场经济具有一些普遍性的规律,这就使得西方国家在市场经济发展中所形成的经济立法经验可以为我们所借鉴。其次,经济全球化已经成为世界经济发展的趋势,随着中国进一步对外开放,中国的经济已经成为世界经济的一部分,在日益广泛的国际经济交往中,在建立共同规则和适用共同规则的同时,相互借鉴经济立法的经验,共同分享统一规则所带来的利益,也已成为十分必要的事情。

第三,经济立法的科学化、民主化问题。立法科学化、民主化是立法的重要原则,但如何实现立法的科学化、民主化,更多的涉及到立法策略问题。

经济立法的科学化,概而论之就是经济立法应该符合科学原则。核心强调的是经济立法活动要反映经济规律。经济立法科学化,可以避免经济立法中的随意性、盲目性,减少立法失误,降低立法成本,提高立法效益,保证经济立法的质量,使经济立法成为真正的良法。就立法策略而言,我国经济立法科学化工作应该注意解决好以下方面的问题:准确把握经济立法的时机,解决好经济立法的滞后和超前问题;做好立法决策,合理选择经济立法项目;分析立法事项,选择适当的经济立法形式;重视立法技术,保证经济立法内部结构的协调一致,外部形式的规范统一。

---

① 张文显.法哲学范畴研究:修订版[M].北京:中国政法大学出版社,2001.

② 张文显.法理学[M].北京:高等教育出版社,1999.

经济立法的民主化，概而论之就是经济立法应该符合民主原则。核心强调的是经济立法应该充分反映人民意志。经济立法民主化，一方面可以真正体现人民主权，把人民的愿望反映在经济立法当中。另一方面通过人们群众的广泛参与，使经济立法能够集中更多人的智慧，保证经济立法的内容能够更好的反映经济生活的现实情况。目前，我国经济立法民主化方面存在的主要问题是：经济立法工作的公众参与度不高；经济立法工作中部门化倾向、争权诿责现象较为突出。

以上是我们对经济立法策略中几个较为宏观的方面所作的概括性的论述。下面我们对经济立法策略中几个比较具体的问题作进一步的探讨，以便我们更好地理解经济立法策略的意义。

第一，关于经济立法内容的详与略的问题。正确处理和把握经济立法内容的详与略，也是经济立法工作中的重要策略问题。一般而论，法律作为一种行为规则，其内容应该明确、肯定、完整、细致。只有这样，法律才有可操作性，才能保证其得以切实的执行和适应。在我国经济立法实践中，由于受到各种因素的影响，在较长的一个时期里，制定的一些经济法律的容过于空泛和原则，结果造成了法律实施中的诸多问题。比如，1988 年 4 月 13 日第七届全国人民代表大会第一次会议通过的《中华人民共和国全民所有制工业企业法》，是我国改革开放以来最有影响的经济立法之一，法律从酝酿起草到颁布实施，前后经历了 9 年时间，大体上和我国当时企业改革的进程同步，可以说，这部《企业法》是这一时期企业改革实践经验的结晶。但就是这样一部影响深远的法律，在它总共六十九条的篇幅内，虽然就全民所有制工业企业的地位、责任、权利、义务，企业内部领导体制以及内外部关系等作了规定，但在法律实施过程中，企业并不能依此获得什么真正的权利，也并不能依此明确地处理企业与政府的关系，等等。当然，一部法律作用的发挥会受到各种因素的影响和制约，但法律自身内容过分空泛的结果，不仅仅使法律的作用难以实现，还会使人们对法律的权威性产生怀疑。当然，有些人会认为，这些问题尽可以通过制定实施条例和配套法规的方式来加以解决。但一些法律的实施条例本身仍然存在同样的问题。因此，经济立法过程中充分注意其内容的具体和可操作性是十分必要的。

当然，法律内容的详尽与具体也并非立法的绝对准则，有时法律的过分详尽反而影响法律作用的发挥。黑格尔就曾有这样一段著名的论述："法律要成为法律，而不成为简单的戒律，它的内容就应该是明确的。法律规定得愈明确，其条文就愈容易切实地施行。但是规定得过于详细，也会使法律带有经验的色彩，这样，法律在实际执行过程中就不免要被修改，而这就会违背法律的性质。"①以此看来，法律

① 黑格尔. 法哲学原理[M]. 范扬，金企泰，译. 北京：商务印书馆，1961.

内容的详与略也不是绝对的，而应根据社会关系的不同特点来决定。那些基本稳定的社会关系和社会现象，法律就可以规定得比较具体详细，而那些不定型的，正处于生成阶段的社会关系就应规定得比较原则，经济关系尤其如此，特别是变革时期的某些经济关系，由于其生成、发育迅速，变化不定，因此，对它们规定得过于具体，一方面会使这些经济关系的发展受到限制和束缚，另一方面，由于法律的过分详细、具体，人们的行为稍有不慎便属违法，从而失去法治的本意。前苏联《真理报》曾载文指出："过细的法则更加有害，因为它束缚人们的积极性，限制经济领导人的权利，经济活动的法规只限于规定统一的社会主义经营原则。"关于经济立法内容详与略的是非评判，的确是一件非常困难的事情。我们根据以往经济立法的经验来看，大体上可以做出以下的判断。一般来讲，在经济转轨和经济社会发生重大变革时期，许多新的社会关系特别是经济关系会大量出现，对这些经济现象与经济关系的相当部分必须制定相应的法律予以调整。但是，由于这些新现象与新关系的发展方向尚不明朗，对社会的影响特别是远期影响更难预测，因此，对之就不能不加区别地一概规定得详细而具体，更不能头痛医头足痛医足。否则，一方面由于法律的过分详尽而具体，会使某些合理的，适于经济与社会发展的新事物的成长受到限制。另一方面，由于法律的过分分散、缺乏联系，从而造成法律内容的重叠和作用的冲突。所以，这一时期的经济立法工作，必须首先对各种经济关系和经济现象进行宏观分析，确立经济立法的基本原则，坚持"先粗后细"的立法策略。即可以先把法规制定得粗一些，原则一些，等调整的经济关系更加成熟，对此类关系的法律调整经验通过法律实施逐步丰富起来的时候，再把过去比较粗略和原则的法律具体化、细节化。①

目前，中国特色社会主义市场经济体制已经建立，中国的经济已经进入常态化发展时期，这一时期的经济立法，就不能太过原则，而应该在推进体系化建设的同时更加注重每一个经济立法内容的具体和细致，着力解决经济法律的针对性、可操作性不强的问题，切实保证经济立法适应经济发展的要求。

第二，经济立法中的平等与效率问题。平等与效率是经济法律的重要价值，在经济立法当中如何平衡这两种价值，也是经济立法的策略问题。实践表明，平等和效率是经济社会发展中难能调和的一对矛盾，正如美国学者阿瑟·奥肯指出的那样："或是以效率为代价的稍多一点的平等，或是以平等为代价的稍多一点的效率。"②社会面临着选择。奥肯认为，资本主义一方面宣扬和追求平等主义的社会政治制度，另一方面又刺激经济发展过程中的两极分化。平等权利和不平等收入

① 吴平魁.谈我国立法工作中应注意的几个问题[J].渭南师专学报(社会科学版)，1995(4).

② 阿瑟·奥肯.平等与效率——重大的抉择[M].王奔洲，叶南奇，译.北京:华夏出版社，1987.

的混合结果，造成了民主的政治原则和资本主义经济原则之间的紧张关系。但他认为，在更多的情况下，这一社会制度反映的是各种艰难的妥协，而不是根本的矛盾。奥肯认为，从某种程度上说，这一制度成功了，它创造了一个高效率的经济。但是，对效率的追求不可避免地产生出各种不平等。因此在平等与效率之间，社会面临着一种抉择："要么留下蛋糕，要么吃掉它。"

中国社会主义市场经济体制与资本主义市场经济体制有着不同的制度基础，但社会主义市场经济发展中同样存在着平等与效率的矛盾和冲突。在我国市场经济体制建立和发展的初期，我们选择了效率优先的发展方式，经济规模和经济总量迅速扩大，但我们付出了平等的代价：社会贫富差距拉大，社会矛盾日益凸显。进入新世纪以后，国家调整了经济发展模式，坚持科学发展观，在注重经济发展效率的同时，更加强调对公平和平等的关注。提出"让一切创造社会财富的源泉充分涌流，让发展成果更多更公平惠及全体人民。"[①]按照国家新的经济与社会发展战略，在今后的一个时期，经济立法的理念要做出必要的调整，必须把更多的追求经济和社会平等作为经济法律的核心价值，以实现社会公平正义为主要目标。

总之，国家宏观经济政策的走向对经济立法的内容具有决定性的影响。当经济政策在平等与效率之间进行平衡、选择的时候，经济立法也在平等与效率的价值之间作平衡、选择。经济立法通过对国家经济政策内容的具体反映来实现它的价值。另外，经济立法的平等价值或效率价值，不是通过每一个具体的经济法律规范来判断，而是要根据整体经济法律体系的价值指向来判断。

第三节　经济执法与经济司法

一、经济执法

（一）经济执法的概念及其意义

执法即法律执行，它有广义和狭义两种理解。广义的执法，是指国家行政机关、司法机关和法律授权、委托的组织及其公职人员，依照法定职权和程序，贯彻实施法律的活动，它包括一切执行法律、适用法律的活动。狭义上的执法，是指国家行政机关、法律授权、委托的组织及其公职人员在行使行政管理权的过程中，依照法定职权和程序，贯彻实施法律的活动。[②] 狭义的执法不包括法的适用或司法活动。我们这里所谓的经济执法，指的是狭义上的执法活动。是国家经济行政机关、

① 中共中央关于全面深化改革若干重大问题的的决定[M]. 北京：人民出版社，2013.

② 张文显. 法理学[M]. 北京：高等教育出版社，1999.

法律授权、委托的组织及其公职人员在行使经济管理职权的过程中,依照法定职权和程序,贯彻实施经济法律的活动。

经济执法的意义我们可以从两个角度去认识:首先,经济执法是经济法实施的基本手段。法律的生命力在于实施,法律的权威也在于实施,而经济法律的实施主要通过经济执法得以实现。只有通过广泛的经济执法活动,经济法律的作用才能得到发挥,经济法律的价值才能最终得到的体现。其次,经济执法是实现政府经济职能的最主要和最重要的手段。随着我国社会主义市场经济体制的建立和完善,政府管理经济从过去主要依靠行政手段直接管理转变为主要通过法律手段宏观、间接的管理。政府的经济职能也从传统的计划、审批、指挥、命令等,向规划、制定法规、运用经济杠杆、指导、协调、服务等转变。按照法治政府的要求,政府经济职能主要通过有效的经济执法活动来实现。

(二)经济执法主体

1.政府的经济执法。政府的经济执法包括中央政府的经济执法和地方政府的经济执法两个方面。中央政府作为最高国家行政机关,担负贯彻执行国家宪法和法律的职能,是经济执法的重要主体。中央政府的经济执法主要是宏观方面的执法,包括对国家经济法律实施的规划和指导,对跨部门经济执法的统一和协调等。比如在反垄断执法方面,国务院就设立了反垄断委员会,负责组织、协调、指导反垄断工作。地方各级人民政府是地方各级国家行政机关,担负贯彻执行国家宪法、法律、行政法规,包括地方性法规的职能,也是经济执法的重要主体。民族自治地方的人民政府,除行使宪法和法律规定的执法权外,同时依照宪法、民族区域自治法和其他有关法律的规定行使自治权,根据本地区实际情况贯彻执行国家经济法律。

2.政府工作部门的经济执法。政府工作部门是各级人民政府所属机构。这些机构依照其职权和分工,具体负责经济执法工作,它们是经济执法的基本主体。

需要指出的是,并不是所有的政府工作部门都可以成为经济执法主体。根据《国务院行政机构设置和编制管理条例》第六条规定,"国务院行政机构根据职能分为国务院办公厅、国务院组成部门、国务院直属机构、国务院办事机构、国务院组成部门管理的国家行政机构和国务院议事协调机构。","国务院组成部门依法分别履行国务院基本的行政管理职能。国务院组成部门包括各部、各委员会、中国人民银行和审计署。"2013 年 3 月 14 日,十二届全国人大一次会议表决通过了关于国务院机构改革和职能转变方案的决定,国务院组成部门减少到 25 个。国务院的组成部门只有在法律规定的情况下才有权执法,从而成为执法主体。同时,履行经济执法职能,成为经济执法主体的也主要是政府经济职能部门。包括财政、税务、金融、外汇管理、审计、统计、工商行政管理、物价、环保、土地管理、技术监督等部门。

此外,法律授权的社会组织、行政机关委托的组织也是经济执法的主体,它们在特定的情形下从事一定范围的经济执法工作。

二、经济司法

(一)经济司法的概念及其含义

司法,又称法的适用,通常是指国家司法机关及其司法人员依照法定职权和法定程序,具体运用法律处理案件的专门活动。司法是实施法律的一种方式,对实现立法目的、发挥法律的功能具有重要的意义。

经济司法的概念是在我国经济法作为一个独立法律部门形成过程中提出来的,早期的经济法学教材大都设专章论述这一问题。一般认为,"我国的经济司法,是指人民法院、人民检察院依法对经济纠纷案件和经济犯罪案件进行审判和检察的活动。经济司法包括经济审判制度和经济检察制度两个方面,主要规定经济审判和经济检察的原则、机构设置、受理案件的范围、案件管辖范围和诉讼程序等内容。"[①]这一时期的经济法学论著关于经济司法的研究,主要是立足我国司法制度的固有格局,从经济审判和经济检察两个方面讨论经济法的司法实施问题。由于受到"大经济法"观念的影响,使得这一时期的经济司法理论研究缺乏创新思维,经济司法理论本身缺乏独立品格。随着经济法理论研究的整体推进,经济司法理论的研究也在发展,学者们越来越清醒的认识到,必须在准确把握经济法本质属性的基础上来研究经济司法问题,而且也只有在准确把握经济法本质属性的前提下才能构建合理的经济司法制度。

目前,我国没有也不可能形成一个特别的所谓"经济司法"系统,经济法的司法实施基本上是在固有的司法制度框架下实现。就经济审判而言,所谓的经济案件一般都通过传统的民事、行政和刑事审判方式得以解决。关于经济司法的这一现状,目前来看尚未有彻底改变的契机,但司法实践中显现出来的一些现实问题,成为我们思考司法制度改革的重要素材。比如,近年来司法机关处理的许多重大经济案件,学界和社会各方面经常会有认识上的分歧和争议,有些案件甚至会形成观点上的根本对立。究其原因,大部分情况下是由于对经济事件本质的不同认识、对经济案件的不同的价值判断以及由此而决定的审判理念的差异造成的。像有些以合同为基本形式的经济案件,民法学者可能更多地关注到合同本身,强调契约的自治性,而经济法学者则可能更加关注合同背后的因素,强调经济活动的相互关联性。因此,我认为在不能根本改变现有司法模式的情况下,对经济司法,特别是经济审判做出一些机制方面的创新应该是可行的,也是十分必要的。

---

① 杨紫烜,徐杰.经济法学:第2版[M].北京:北京大学出版社,1997.

(二)经济司法机构

经济司法机构,从理论上讲应该是我国司法机关内部设立的处理经济案件的专门机构,包括人民法院的经济审判机构和人民检察院的经济检察机构。但从我国司法机构的组织情况来看,并没有这样专门的机构。在我国的司法实践中,经济司法工作长期存在,但现实中的这种经济司法工作与我们经济法学意义上的经济司法不存在必然的对位关系。可以这样说,现实中的经济司法工作包含了经济法司法适用的内容,但这种司法适用并不一定能够完全体现经济法的精神。

在经济司法实践中,人民法院经济审判庭的设置和撤销是一件较有影响的事件,在此我们有必要做一说明。1979 年 7 月颁布的《中华人民共和国人民法院组织法》确定在我国人民法院设立经济审判庭,到 1983 年,全国各级人民法院普遍设立了经济审判庭,开展经济审判工作。1984 年召开了全国第一次经济审判工作会议,明确了经济审判工作的基本任务和经济审判的收案范围。当时人民法院经济审判庭的收案范围主要包括以下几个方面:(1)经济合同纠纷案件;(2)技术合同纠纷案件;(3)涉外或涉港澳台经济纠纷案件;(4)农村承包合同纠纷案件;(5)经济损害赔偿纠纷案件;(6)工业产权方面的经济行政案件;(7)企业破产案件;(8)专利纠纷案件;(9)企业承包经营合同、企业租赁经营合同纠纷案件;(10)其他经济纠纷案件。人民法院经济审判庭设立之时,正是我国经济法法律部门构建和经济法学蓬勃兴起的时候,所以,许多人想当然地就认为人民法院的经济审判庭就是与经济法法律部门相对应的经济审判机构。当然,如果从当时“大经济法”的观点来看待人民法院经济审判庭,并把它视作是与经济法相对应的经济审判机构也是有一定根据的。但现在看来,人民法院经济审判庭的设立与经济法法律部门本身并无必然的联系,它是人民法院适应改革开放的需要,针对日益增多的经济纠纷案件,为了强化经济审判工作而设立的专门处理改革中发生的经济案件的专门机构,而这些经济案件,并不都是“经济法的案件”。从当时人民法院经济审判庭的收案范围来看,这些案件绝大部分还是民事案件,具体来说就是经济领域的民事、商事案件。

人民法院经济审判庭的设置尽管有着特定的目的,但客观地讲,它对成长中的经济法的意义是毋庸置疑的。因为,大量的“经济法纠纷案件”的确是通过人民法院经济审判庭审理解决的,经济审判庭客观上是经济法司法实施的重要机构。所以,我认为人民法院撤销经济审判庭形成所谓的大民事审判格局,不是最好的选择。人民法院完全可以利用经济审判庭的存在这一契机推动司法改革,把现代经济法的理念融入经济审判之中,以全新的经济审判理念和经济审判方式来应对经济与社会发展中的新情况和新问题。当前,越来越多的关涉社会公共利益的环境保护案件、国有资产保护案件、社会弱势群体保护案件等对传统审判制度带来了巨大的挑战,我们期待着人民法院新的经济审判庭早日诞生。

第四节 经济法的遵守与经济法律意识

一、经济法的遵守

(一)经济法的遵守的含义

经济法的遵守是经济法律实施的一种基本形式,是经济法运行系统当中的一个重要环节。经济法的遵守属于守法范畴的问题,为了与经济立法、经济执法等概念相对应,我们也可以把经济法的遵守称之为经济守法。

守法是指国家机关、社会组织和公民个人依照法的规定,行使权利(权力)和履行义务(职责)的活动。守法意味着一个国家和社会主体严格依法办事的活动和状态,而依法办事就自然包含着两层含义,一是依法享有权利并行使权利,二是依法承担义务并履行义务。在这里,守法不仅仅只是履行义务,同时还包含着正确行使权利。① 守法问题是十分重要的,亚里士多德在论述法治问题的时候,就曾把"已成立的法律获得普遍的服从"作为法治实现的一个重要原则。② 在我国经济法治建设中,经济法的遵守是一个薄弱的环节。经济立法工作尽管还需要进一步加强,但重要的经济法律都已经制定出来了,基本上做到了有法可依,而经济执法,特别是经济守法的情况仍然不尽如人意,成为制约我国经济法治发展的关键因素。所以,切实保障经济法的遵守是我们当前和今后一个时期经济法治工作的一个重点环节。

经济法的遵守,当然是对我国现行经济法律规范的遵守,它的范围涵盖了我国全部现行的成文法,包括宪法、法律、行政法规、规章、地方性法规、民族自治地方的自治条例和单行条例、特别行政区法、经济特区的规范性法律文件等。还包括我国参加的国际条约。此外,像人民法院的判决书、调解书、裁定书等虽属于非规范性文件,但也属于守法的范围,因为,这些法律文件是法所明确授权的特定机关在适用法律过程中,根据法的有关规定和原则做出的,具有明确的法律效力。

(二)经济守法的内容

经济法的遵守,即经济守法的内容包括履行法律义务(责任)和行使法律权利(权力)两个方面。③

1. 履行法律义务(责任)。履行法律义务是指人们按照经济法的要求作出或不

① 张文显. 法理学[M]. 北京:高等教育出版社,1999.

② 亚里士多德. 政治学[M]. 吴寿彭,译. 北京:商务印书馆,1965.

③ 张文显. 法理学[M]. 北京:高等教育出版社,1999.

作出一定的行为,以保障权利人的合法权益。履行法律义务可以分为两种形式:一是履行消极的法律义务。这是指人们遵守法律规范中的禁止性规范,不作出一定的行为。人们只要依法不作出一定的行为,便是履行了相应的法律义务,即做到了守法。比如,《中华人民共和国反不正当竞争法》第二章列举的十一种不正当竞争行为,就是当事人必须履行的消极的法律义务,有关当事人只有不作出法律规定的这些行为就是守法。二是履行积极的法律义务。这是指人们遵守法律规范中的命令性规范,作出一定的行为。人们只有作出一定的行为才能构成守法。比如,像税收法中规定的纳税主体依法纳税的义务,就是一种积极的法律义务。纳税主体只有做到了依法足额纳税才是守法。

2.行使法律权利(权力)。行使法律权利是指人们通过自己做出一定的行为或者要求他人作出或不作出一定的行为来保证权利人合法权利得以实现。行使法律权利指的是人们遵守法律规范中的授权性规范。它既可以是权利享有者自己作出一定的行为,也可以是权利享有者要求他人作出或不作出一定的行为。前者如《中华人民共和国人民银行法》中规定的人民银行行使金融调控、金融监管和其他有关金融业务的行为,《中华人民共和国反垄断法》中规定的国务院反垄断执法机构享有的各种反垄断执法权力等。后者如《中华人民共和国产品质量法》中规定的,各级人民政府产品质量监督部门对产品生产者和销售者的各种应作为和不作为的要求,等等。

(三)影响经济守法的因素

经济法律能否得以遵守,受到多方面因素的影响和制约,最为直接的因素大体上有以下几个方面:

第一,经济立法质量的影响。立法质量对法律遵守的影响是最直接的,如果一部法律的内容严重脱离社会经济生活的现实,不能充分反映广大人们群众的意志,这部法律在实施中必然不会得到普遍的遵守,反之,如果一部法律在制定时充分尊重民意,反映了经济规律的要求,成为真正的良法,这部法律在实施中必然得到较好的遵守。亚里士多德就曾经在提出"法律获得普遍的服从"这一法治原则的同时,强调"大家所服从的法律又应该本身是制定得良好的法律。"①

第二,经济执法水平的影响。经济执法水平对经济法遵守情况的影响也是显而易见的。一支高水平的经济执法队伍,一套科学化的经济执法组织系统对于保证经济法获得普遍遵守具有决定性的影响。现实生活中许多经济法律不能被很好遵守的原因,往往不是立法本身的问题,正是由于经济执法工作的薄弱造成的。在

---

① 亚里士多德.政治学[M].吴寿彭,译.北京:商务印书馆,1965.

社会主义市场经济条件下,许多反映现代市场经济特点的经济立法,像反垄断立法、环境立法等,技术性、专业性很强,这些法律在实施过程中对执法工作提出了严重的挑战,就是由于受到执法条件和执法水平的影响,使得这些法律的遵守情况不能尽如人意。

第三,其他因素的影响。经济法的遵守还受到政治、经济、文化、社会心理等其他多方面因素的影响。因此,关于经济法的遵守问题,应该进行多角度的观察,进行多学科的研究。

二、经济法律意识

(一)经济法律意识的概念及其意义

法律意识是人们关于法和法律现象的思想、观点和心理的统称。包括对法的本质、作用的看法,对现行法律的要求和态度,对法律的评价和解释,对人们的行为是否合法的评价和法治观念等。法律意识是社会意识的一部分,它和人们的道德观念、政治观点和世界观密切联系。[①] 经济法律意识作为经济法的重要范畴,既反映法律意识的普遍性意涵,也有体现经济法本质属性的特殊规定性。在经济法运行过程当中,经济法律意识的意义是多方面的:

首先,经济法律意识有利于经济法的有效实施。无论是经济法的制定、执行还是遵守,经济法律意识都发挥重要作用。在经济法的制定阶段,立法者良好的法律意识是保证经济立法成为良法的重要条件。在经济执法过程中,执法者良好的法律意识能够使经济法律的执行更有效率。在经济法的遵守阶段,经济法律意识的意义更为重要,因为,经济法的遵守是经济法实施的最为关键的环节,是经济法价值实现的关节点。如果人们缺乏必要的经济法律意识,经济法的遵守往往会被人们简单理解为履行义务,从而使经济法律成为异己的东西,这样经济法的遵守必然成为一种外在强制的结果。只有当人们具备了良好的经济法律意识的时候,才会对经济法律的本质有正确的认知,才能感悟到对经济法的遵守既是履行义务,更是享受权利,这样以来,对经济法的遵守自然就成为人们自觉的行动了。

其次,经济法律意识可以补白经济立法的不足。稳定性是法律的基本特点,但经济生活是十分复杂和变动不居的,经济立法相对于经济发展始终具有滞后性。同时经济立法技术上有时也会出现一些失误,这也就使得经济立法存在漏洞的情况成为不可避免的事情。经济法律意识对于弥补经济立法的漏洞具有现实的意义。当经济立法规定过于原则,法律条文规定不够明确的时候,经济法律意识可以

---

① 《法学词典》编辑委员会. 法学词典:增订版[M]. 上海:上海辞书出版社,1984.

帮助人们对经济立法的基本价值做出判断，人们可以根据经济立法的价值指向来调整自己的行为。当不同的经济立法之间出现规定上的矛盾和冲突的时候，经济法律意识也可以帮助人们做出正确的判断。因为良好的法律意识会使人们对经济活动的法律要求以及经济法的整体价值有较好的认知，以此为基础对个别经济立法内容的正当与否做出判断就不是什么困难的事情了。

再次，经济法律意识有助于促进经济法制现代化。法制现代化属于法律发展的范畴，是法制由传统向现代转型的一个历史过程。认识法制现代化有多个维度，从法制现代化的内涵特征来看，“法制现代化是一个包涵了人类法律思想、行为及其实践各个领域的多方面进程，其核心是人的现代化。”①只有通过在全社会范围内进行法律意识启蒙，提高全民族的法律意识水平，才能实现人的现代化，进而推动法制现代化。经济法制现代化是法制现代化的重要组成部分，我国社会主义市场经济体制的建立，使得我国经济法制现代化成为整个社会主义法制现代化的核心，我们只有在市场经济发展实践中不断培养和提高人们的经济法律意识，树立现代法治观念，才能加快经济法制现代化的进程。

（二）经济法律意识的培养

第一，经济法制教育是经济法律意识培养的基本形式。法律意识的形成是以人们对法律的认知为基础的，而法制教育是帮助人们认知法律的最基本形式。经济法制教育分两个层次：其一，是经济法律知识的教育。就是通过各种形式的宣传教育活动，帮助人们了解经济法律，熟悉相关经济法律规范的内容。由于经济法是体现国家干预经济生活的法律部门，政策性和专业性都比较强，因此，对经济法律知识的掌握并不是十分容易的事情，一般要经过专门的训练，特别是对那些与经济法律的实施密切相关的人员，还需进行系统化的培训。其二，是经济法理论的学习。经济法的专业性特点，决定了经济法制教育不能仅仅局限于对一般经济法律知识的普及，还必须注重对经济法理论的学习，只有通过一定的理论学习才能对经济法律有整体性的认识，进而掌握经济法的基本理念和基本精神。另外，经济法制教育是以人们对经济法律的切实遵守为终极目标的，人们通过对经济法律的学习，掌握经济法律的知识，然后再把这种知识内化为一种意识，并以此作为自己行为的准则。所以，通过经济法制教育所要形成的经济法律意识，既包含了对经济法律的认知，更强调对经济法律的践行。如果经济法制教育没有实现最终对经济法律普遍遵守的效果，这种法制教育必然是存在偏失的。在现实生活中，我们经常可以看到这样一些情况，就是一些掌握了法律知识的人，不是通过知法而守法，而是以其

---

① 公丕祥. 法制现代化的理论逻辑[M]. 北京：中国政法大学出版社，1999.

所掌握的法律知识作为资源和优势来规避法律或谋取不当利益。因此，经济法制教育不是简单地普及经济法律知识和经济法理论，而是要通过对经济法律知识和经济法理论的学习形成经济法治观念，树立对法治的信仰。经济法制教育不是一件简单的事情，它是一项复杂的系统工程。

第二，经济法制实践是经济法律意识形成的现实土壤。经济法律意识的形成固然离不开经济法制教育，但我们也不能忽视经济法制实践活动对经济法律意识形成的重要影响。事实证明，丰富多彩的经济法制实践活动是经济法律意识形成的现实土壤。人们在具体的经济法制实践活动中，通过对法律义务的履行和法律权利的享有，深切感受到经济法律权威的现实存在。在一个良好的经济法制环境中，人们的合法行为会受到肯定和激励，人们的违法行为会得到制止和惩罚，人们通过经济法律对自身行为的评价进一步认知法律，进而尊崇法律，经济法制观念和经济法律意识也就在这样的环境中逐渐形成。在这里，一个良好的法制环境是十分重要的，试想如果在一个有法不依、违法不究的环境之下，人们的法治观念不但不能形成，反而会被扭曲，良好的法律意识的形成也就无从谈起。所以，健全经济立法、加强经济执法，构建良好的经济法制环境对于培养人们的经济法律意识是至关重要的。

第五节　经济法律秩序

一、经济法律秩序的概念及其特征

秩序是对于有规则状态的概括，蕴含着稳定性和可预测性。秩序可分为自然秩序和社会秩序。自然秩序即存在于自然界的秩序，反映了自然界客观物质关系的规律性，体现着自然界物质的产生、变动和消亡，并由此影响人对自然的认识和改造，决定人与自然界的关系。社会秩序指存在于人类社会的秩序。社会秩序通过人与人之间的各种社会关系而得以表现。秩序是建立在各种规则或法则基础之上的。自然秩序遵循着自然规则或自然规律，社会秩序总是同社会规范联系在一起，是一种规范性秩序。根据社会规范的不同，会形成不同的社会秩序，比如基于习惯规范而形成习俗秩序，基于道德规范而形成道德秩序，基于法律规范而形成法律秩序等等。按照法学界一般的理解，法律秩序就是指在严格遵守法律的基础上形成的一种社会秩序，或者说是社会关系中依法建立和维护的秩序就叫法律秩序。①

---

①　赵震江．法律社会学[M]．北京：北京大学出版社，1998．

法律秩序是法律在社会生活中的实现，它是法律运行的最后一个环节。法律秩序具有两个基本的特性，其一是法律性。法律秩序是以法律为基础形成的，于是法律所有的特征就反映在法律秩序当中。法律秩序由国家强制力保障，并且以权利和义务的统一构成其要素。其二是外在性。法律秩序基本上没有自己独立的领域，只是赋予经济秩序、政治秩序、文化秩序等以法律色彩，使他们披上法律的外衣，纳入法律的轨道。所以，有学者指出："如果离开社会现实坐而论道，企图抽象地论述法律秩序自身的纯粹规律，势必会流于空洞而无用。"①

经济法律秩序就是社会关系中依照经济法律规范建立和维护的秩序，它是整个法律秩序的有机组成部分。经济法律秩序具有一般法律秩序的共有属性，同时也具有自身鲜明的特点：第一，经济法律秩序是国民经济运行中的经济秩序的有序性状态。某一个具体的经济法律规范影响某一个局部或某一个方面的经济关系，形成某一局部或某一方面的经济法律秩序，比如《产品质量法》影响的是产品生产和销售环节的经济关系，从而也就形成这一经济环节和经济领域的经济法律秩序。经济法律作为一个整体，它对经济关系的影响当然不再是某一局部或某一方面，而是国民经济运行中的整体的经济关系。这种经济关系虽然也包含了各个具体的经济关系，但由于国民经济运行的整体性和系统性，使得这些经济关系不再是一种孤立的存在，而表现为一种相互联系的经济过程。作为体系化的经济法律规范通过对经济关系的统一调整，使得国民经济运行中的经济秩序呈现出有序化状态。第二，经济法律秩序的形成具有强烈的国家干预特点。经济法是体现国家干预经济生活的法律形式，经济法的这一特性必然地反映在了根据经济法所形成的经济法律秩序当中。这也就使得经济法律秩序不具有像那些根据民事法律所形成的法律秩序那样的"自治性"。经济法律秩序内在的非自愿性特点，决定了经济法律秩序的形成缺乏内生动力，只能依靠外在的强制力，也就是国家干预的力量。

二、经济法律秩序的存在状态

一般而论，一定的法律的存在必须形成一定的法律秩序。经济法律产生以后，根据经济法律所形成的经济法律秩序自然也就形成了。但是，在不同的制度环境和体制环境下，经济法律秩序的状态是不同的。

有学者根据法律秩序中法律功能的基本状况，把法律秩序分为法制秩序和法治秩序两种状态。② 法制秩序当然也是依据法律而形成的秩序，只要法律存在，一定范围的法制秩序必然存在。所以，在专制制度和人治环境下也会出现法制秩序。

① 赵震江. 法律社会学[M]. 北京：北京大学出版社，1998.

② 赵震江. 法律社会学[M]. 北京：北京大学出版社，1998.

而法治秩序则不同，尽管法治秩序也是以法律的存在为前提，但法治秩序是一种良性的法律秩序。在法治秩序中，法律秩序据以形成的法律必须是良法，即反映广大人民意志的法律。同时强调法律至上，不论是个人还是政府，都必须受到法律的约束。

我国的经济法律是在国家改革开放过程中，因组织和管理经济的需要而产生的，所以，我国的经济法律从诞生的那一天起就具有鲜明的政策工具性特点，是国家用来组织和管理国民经济活动的重要工具。这一时期，依据经济法律所形成的经济法律秩序基本上属于经济法制秩序。在法律工具主义背景之下，这些经济法制秩序据以形成的经济法律既然是被当作一种工具而存在，那么当这种被作为工具的法律不再被需要的时候，这种经济法制秩序也就会由于失去了产生的根据而不复存在。所以，这种经济法制秩序是不完善的法律秩序，它缺少了法律秩序应该具有的稳定性、可预测性等基本要素。

中国社会主义市场经济体制的建立，为经济法律秩序的全面形成奠定了制度基础，因为市场经济就是法治经济，社会主义市场经济也必须建立在法治的基础之上。另外，我国“依法治国”方略的提出，为经济法律秩序的完善提供了政策前提。1997 年 9 月，中共十五大在科学总结了我国社会主义民主和法制建设经验教训的基础上，郑重提出了“依法治国，建设社会主义法治国家”的重大战略任务。1999 年 3 月，“依法治国”的基本方略和奋斗目标被写入宪法，“中华人民共和国实行依法治国，建设社会主义法治国家。”成为宪法的重要内容。2014 年，中共十八届四中全会通过了《中共中央关于全面推进依法治国若干问题的决定》，对建设中国特色社会主义法治体系，建设社会主义法治国家作出了全面部署。在这样的背景之下，我国的经济法律必然超越它的工具性，成为人们经济活动的准则和价值标准。这时候的经济法律秩序也会因经济法律功能的变化而走向完善，新的经济法治秩序必将在中国建立。

参考文献

[1]摩莱里.自然法典[M].黄建华,姜亚洲,译.北京:商务印书馆,1985.

[2]泰·德萨米.公有法典[M].黄建华,姜亚洲,译.北京:商务印书馆,1985.

[3]阿来克西·雅克曼,居伊·施朗斯.经济法[M].宇泉,译.北京:商务印书馆,1997.

[4]金泽良雄.经济法概论[M].满达人,译.兰州:甘肃人民出版社,1985.

[5]丹宗昭信,厚谷襄儿.现代经济法入门[M].谢次昌,译.北京:群众出版社,1985.

[6]丹宗昭信,伊从宽.经济法总论[M].吉田庆子,译.北京:中国法制出版社,2010.

[7]国立莫斯科大学,斯维尔德洛夫法学院.经济法[M].中国人民大学苏联东欧研究所,译.北京:中国人民大学出版社,1980.

[8]B·B·拉普捷夫.经济法[M].中国社会科学院法学研究所民法经济法研究室,译.北京:群众出版社,1987.

[9]B·B·拉普捷夫.经济法理论问题[M].中国人民大学法律系民法教研室,译.北京:中国人民大学出版社,1981.

[10]亚当·斯密.国民财富的性质和原因的研究:上卷[M].郭大力,王亚南,译.北京:商务印书馆,1972.

[11]亚当·斯密.国民财富的性质和原因的研究:下卷[M].郭大力,王亚南,译.北京:商务印书馆,1974.

[12]约翰·梅纳德·凯恩斯.就业、利息和货币通论:重译本[M].高鸿业,译.北京:商务印书馆,1999.

[13]孟德斯鸠.论法的精神:上册[M].张雁深,译.北京:商务印书馆,1961.

[14]洛克.政府论:下篇[M].叶启芳,瞿菊农,译.北京:商务印书馆,1964.

[15]乔·萨托利.民主新论[M].冯克利,阎克文,译.北京:东方出版社,1993.

[16]科恩.论民主[M].聂崇信,朱秀贤,译.北京:商务印书馆,1988.

[17]弗朗索瓦·佩鲁.新发展观[M].张宁,丰子义,译.北京:华夏出版社.1987.

[18]植草益.微观规制经济学[M].朱邵文,胡欣欣,等,译.北京:中国发展出版社,1992.

[19]R·科斯,A·阿尔钦,D·C·诺斯.财产权利与制度变迁:产权学派与新制度

学派译文集[M].刘守英,等,译.上海:上海三联书店,1994.
[20]曼昆.经济学原理:第2版[M].梁小民,译.北京:生活·读书·新知三联书店,2001.
[21]柯武刚,史漫飞.制度经济学:社会秩序与公共政策[M].韩朝华,译.北京:商务印书馆,2000.
[22]弗里德利希·冯·哈耶克.自由秩序原理:上下册[M].邓正来,译.北京:生活·读书·新知三联书店,1997.
[23]W.布鲁斯,K.拉斯基.从马克思到市场:社会主义对经济体制的求索[M].银温泉,译,吴敬琏,校.上海:上海三联书店,1998.
[24]乔拉森·沃尔夫.21世纪,重读马克思[M].范元伟,译.北京:清华大学出版社,2015.
[25]黑格尔.法哲学原理[M].范扬,金企泰,译.北京:商务印书馆,1961.
[26]阿瑟·奥肯.平等与效率——重大的抉择[M].王奔洲,叶南奇,译.北京:华夏出版社,1987.
[27]亚里士多德.政治学[M].吴寿彭,译.北京:商务印书馆,1965.
[28]E·博登海默.法理学:法律哲学与法律方法[M].邓正来,译.北京:中国政法大学出版社,1999.
[29]中国经济法诸论编写组.中国经济法诸论[M].北京:法律出版社,1987.
[30]刘文华.中国经济法基础理论:校注版[M].张世明,刘亚丛,王济东,校注.北京:法律出版社,2012.
[31]史际春,邓峰.经济法总论:第2版[M].北京:法律出版社,2008.
[32]潘静成,刘文华.经济法[M].北京:中国人民大学出版社,1999.
[33]杨紫烜.经济法概要[M].北京:光明日报出版社,1987.
[34]杨紫烜.国家协调论[M].北京:北京大学出版社,2009.
[35]杨紫烜,徐杰.经济法学:第2版[M].北京:北京大学出版社,1997.
[36]李昌麒.经济法理念研究[M].北京:法律出版社,2009.
[37]李昌麒.经济法学[M].北京:法律出版社,2007.
[38]李昌麒.经济法:国家干预经济的基本法律形式[M].成都:四川人民出版社,1999.
[39]李昌麒,卢代富.经济法学[M].厦门:厦门大学出版社,2010.
[40]单飞跃,卢代富,等.需要国家干预:经济法视域的解读[M].北京:法律出版社,2005.
[41]漆多俊.经济法学[M].北京:高等教育出版社,2003.
[42]漆多俊.经济法基础理论:第3版[M].武汉:武汉大学出版社,2000.

[43]陶和谦.经济法学[M].北京:群众出版社,1982.
[44]刘隆亨.经济法概论[M].北京:北京大学出版社,1984.
[45]张守文.经济法理论的重构[M].北京:人民出版社,2004.
[46]程宝山.经济法基本理论研究[M].郑州:郑州大学出版社,2003.
[47]梁慧星,王利明.经济法的理论问题[M].北京:中国政法大学出版社,1986.
[48]梁慧星.中国民法经济法诸问题[M].北京:中国法制出版社,1999.
[49]王克稳.经济行政法基本论[M].北京:北京大学出版社,2004.
[50]朱崇实.共和国六十年法学论争实录:经济法卷[M].厦门:厦门大学出版社,2009.
[51]潘念之.中国经济法理论探索[M].上海:上海社会科学院出版社,1987.
[52]刘瑞复.经济法:国民经济运行法[M].北京:中国政法大学出版社,1991.
[53]刘瑞复.经济法学原理:第2版[M].北京:北京大学出版社,2002.
[54]经济法概论编写组.经济法概论[M].北京:中国财政经济出版社,1984.
[55]王全兴.经济法基础理论专题研究[M].北京:中国检察出版社,2002.
[56]薛克鹏.经济法基本范畴研究[M].北京:北京大学出版社,3013.
[57]张世明.经济法学理论演变研究:第二次全面修订版[M].北京:中国民主法制出版社,2009.
[58]张世明,刘亚丛,王济东.经济法基础文献会要[M].北京:法律出版社,2012.
[59]叶秋华,宋凯利,郝刚.西方国家宏观调控法与市场规制法研究[M].北京:中国人民大学出版社,2005.
[60]刘水林.经济法基本范畴的整体主义解释[M].厦门:厦门大学出版社,2006.
[61]刘剑文,熊伟.财政税收法:第5版[M].北京:法律出版社,2009.
[62]孙同鹏.经济立法问题研究:制度变迁与公共选择的视角[M].北京:中国人民大学出版,2004.
[63]王新红.经济法纠纷司法解决机制研究[M].北京:中国法制出版社,2006.
[64]张文显.法理学[M].北京:高等教育出版社,1999.
[65]张文显.法哲学范畴研究:修订版[M].北京:中国政法大学出版社,2001.
[66]卓泽渊.法的价值论[M].北京:法律出版社,1999.
[67]严存生.法律的价值[M].西安:陕西人民出版社,1991.
[68]严存生.论法与正义[M].西安:陕西人民出版社,1997.
[69]梁彗星.民法总论:2001年版[M].北京:法律出版社,2001.
[70]赵万一.民法的伦理分析[M].北京:法律出版社,2003.
[71]蔡宝刚.经济现象的法律逻辑:马克思法律反作用思想研究[M].哈尔滨:黑龙江人民出版社,2004.

[72]周旺生.立法学教程[M].北京:北京大学出版社,2006.
[73]公丕祥.法制现代化的理论逻辑[M].北京:中国政法大学出版社,1999.
[74]赵震江.法律社会学[M].北京:北京大学出版社,1998.
[75]吕世伦,文正邦.法哲学论[M].北京:中国人民大学出版社,1999.
[76]石元康.当代西方自由主义理论[M].上海:上海三联书店,2000.
[77]陈志尚.人的自由全面发展论[M].北京:中国人民大学出版社,2004.
[78]王伟光.利益论[M].北京:人民出版社,2001.
[78]谢自强.政府干预理论与政府经济职能[M].长沙:湖南大学出版社,2004.
[79]汤在新,吴超林.宏观调控:理论基础与政策分析[M].广州:广东经济出版社,2001.
[80]于同申.发展经济学:新世纪经济发展的理论与政策[M].北京:中国人民大学出版社,2002.
[81]梁小民.经济学是什么[M].北京:北京大学出版社,2001.
[82]陈富良.放松规制与强化规制[M].上海:上海三联书店,2001.
[83]俞可平.政治权力与公益政治:当代西方政治哲学评析[M].北京:社会科学文献出版社,2000.
[84]晏智杰(主编),王志伟,杜丽群.西方市场经济理论史[M].北京:商务印书馆,1999.
[85]黄达.金融学:第3版:精编版·修订版[M].北京:中国人民大学出版,2014.
[86]陈共.财政学:第6版[M].北京:中国人民大学出版社,2009.
[87]施竟成.对经济法命题的一点认识[J].湖北财经学院学报,1982(1).
[88]谢次昌.论经济法的对象、地位及学科建设[J].中国法学,1990(6).
[89]王慎之.经济民主论[J].新华文摘,1987(12).
[89]王保树.市场经济与经济民主[J].中国法学,1994(2).
[90]张建华.包容性增长以创造公平机会和共享成果为导向[N].中国社会科学报,2010-10-19.
[91]王全兴,管斌.市场规制法的若干基本理论研究[J].复印报刊资料:经济法、劳动法,2002(2).
[92]李健英.宏观调控理论基础探源[J].经济学动态,2000(1).
[93]候孝国.计划与宏观调控[J].甘肃社会科学,1996(1).
[94]吴平魁.市场经济与经济民主[J].当代经济科学,1996(3).
[95]吴平魁.论经济的发展与人的自身发展[J].理论导刊,2002(10).
[96]吴平魁.论经济关系契约化对人自身发展的影响[J].陕西经贸学院学报,2002(5).

[97]吴平魁.中国经济法的规范演进与价值变迁[J].西安财经学院学报,2004(1).
[98]吴平魁.论经济法价值的三重超越[J].西安财经学院学报,2010(3).
[99]吴平魁.论契约观念与人的主体意识:世纪之交的中国经济改革与发展文集[C].西安:陕西人民出版社,2000.
[100]吴易风.经济自由主义和国家干预主义论争的历史考察[J].当代思潮,2002(2).
[101]吴平魁.谈我国立法工作中应注意的几个问题[J].渭南师专学报(社会科学版),1995(4).